本杉省三＋佐藤慎也＋山中新太郎＋山﨑誠子＋梅田綾＋長谷川洋平

建築デザインの基礎
THE BASICS OF ARCHITECTURAL DESIGN
製図法から生活デザインまで

彰国社

はじめに

　私たちは、言葉や文字を習い、文法を習得することで、互いに理解し、協力し合うことができます。建築においては、それに加えて図面や模型が大切なコミュニケーション手段になります。こうした基礎を学びながら、デザインすることの面白さを実感してもらうことにこの本の狙いがあります。線の意味を正しく理解し、表現することからはじめて、図法、実際のものづくり、空間の成り立ちと構成、光の扱い、機能の関連などと少しずつテーマを変えながら技術を習得し、構想を具体化するプロセスについて学びます。

　はじめは上手にできなかった人でも、1つ1つの課題をクリアしていくことで、全課題に取り組んだ後には、建築空間の提案ができるように組み立てられています。みなさんにとっては、どれもはじめて学ぶことですから、うまくいかなくて当然です。しかし、そこに学習の意味があります。簡単そうなことでも、課題の意図を理解し、試行錯誤を繰り返しながら、時間を掛けていねいに取り組めば着実に前進していきます。

　デザインにおいては、唯一の解はありません。いろいろな解が可能であり、その多様性の中によりよいものを探る楽しさを感じて欲しいと思います。単純な取組みではありませんが、あまり難しく捉えず、考えたことを素直に表現してみることを心掛けてみましょう。考えたこととできたものとのギャップを感じることもあるかも知れません。それが大切なことであり、学ぶことの出発点になります。その繰り返しの中から「これだ」というものを見つけ出すプロセスが大切です。1つのアイデアに縛られず、できるだけ多くの可能性を探り、さらにそのバリエーションを展開することで、豊かな創造性を身に付けて欲しいと願っています。

本杉省三

CONTENTS

I 基本的な製図法　5

I-1　製図道具の説明　6
I-2　線の描き方　7
　|課題|線を描く　9
I-3　図面の描き方　10
　|課題|身の回りのものを描く　11
　|課題|自分でつくった立体を描く　13
I-4　立体図の描き方　14
　|立体図の事例|　16
　|課題|立体図を描く　17
I-5　透視図の描き方　18
　|課題|透視図を描く　21
　|透視図の事例|　22
　|課題|自分でつくった立体の透視図を描く　23
　|課題の解答|　24

II 建築の表現　25

II-1　表示記号　26
II-2　平面図の描き方　28
　|平面図の事例|　30
　|課題|平面図を描く　31
II-3　断面図の描き方　32
　|断面図の事例|　34
　|課題|断面図を描く　35
II-4　立面図の描き方　36
　|課題|立面図を描く　37
　|立面図の事例|　38
II-5　配置図の描き方　39
　|配置図の事例|　39
II-6　設計図面の種類　40
II-7　アクソメ図の描き方　42
　|課題|アクソメ図を描く　43
II-8　一点透視図の描き方　44
　|課題|一点透視図を描く　44
II-9　模型のつくり方　46
　|模型の事例|　48
　|課題|模型をつくる　49

column
|駒沢の住宅|　41

	II-10 スケッチの描き方	50
	|スケッチの事例|	51
	II-11 プレゼンテーションボードのつくり方	52
	|課題|プレゼンテーションボードをつくる	53
	|プレゼンテーションボードの事例|	54

III デザインと製作　55

- III-1　デザインとものづくり　56
- III-2　デザインしてつくる　57
- III-3　照明をつくる　58
  - |課題|照明をつくる　59
- III-4　椅子をつくる　62
  - |課題|椅子をつくる　63

IV 空間のデザイン　65

- IV-1　空間の考え方　66
- IV-2　空間をデザインする　67
  - |課題| 4m × 6m × 9m の空間をデザインする　69
- IV-3　4m × 6m × 9m の空間をデザインする　70

column
|比例|　66
|知覚とかたち|　72
|身体の寸法|　73
|動作の寸法|　74
|実測する|　76

V 生活空間のデザイン　77

- V-1　生活空間のデザイン　78
- V-2　シェアハウス　80
  - |課題|シェアハウスをデザインする　81
- V-3　シェアハウスのデザイン　82

column
|外構の計画|　85

資料編：「駒沢の住宅」縮尺 1/50 図面　87

I章

基本的な製図法

建築設計において一番はじめに習得しなければならない技術である図面の描き方からはじめます。

I-1 製図道具の説明

自らの手を用いて図面を描くために必要となる主な製図道具を解説します。将来的にはコンピュータを用いた製図（CAD：Computer Aided Design）へ移行することが考えられますが、建築設計において一番はじめに習得しなければならない技術は、手描きによる図面の描き方です。

製図板と定規

製図板は、A1サイズ（594×841mm）の図面が対応できる大きさ（750×1,050mm）が便利です。

正確な水平の平行線を引くために、**T定規**、または**平行定規**と組み合わせます。T定規は頭の部分を製図板の側面に押しつけながら平行に移動させて用います。平行定規は製図板と一体となったものが一般的で、製図板の両側にあるガイドによって定規が平行に移動します。

水平以外の線を引くために、**三角定規**、または**勾配定規**を用います。三角定規は30、60度の直角三角形のものと45度の直角二等辺三角形のものがあります。角度を自由に変えることのできる勾配定規は、あらゆる角度の線を引くことができます。

ドラフティングテープは、用紙を製図板に固定するための製図用テープであり、粘着力が強くないため用紙を傷めません。

鉛筆と消しゴム

芯ホルダーは取替え可能な専用の芯を入れて用いますが、芯が太いために力強い線を描くことができます。**研芯器**を用いて芯先のとがり具合を変えることで、さまざまな太さの線を描き分けます。**製図用シャープペンシル**は、定規を用いて線を引くためにペン先の軸が長く壊れにくいことが特徴です。芯の太さによって線の太さを描き分けるため、0.3、0.5、0.7mmなど数本のペンを使い分けます。いずれも筆圧によって用いる芯の硬さ（HB〜2B）を選択します。

消しゴムはプラスチック系を用います。**字消し板**は、部分的に線や字を消すときに用いる、いくつかの穴がくり抜かれた金属製の薄い板です。必要な箇所を板で覆い、不要な箇所を板の上から消しゴムで消していきます。

図面を手や定規などで擦って汚さないためには、**製図用ブラシ**を用いて図面上の消しゴムのかすや鉛筆の粉を払います。

大きな円は角度を固定できる**製図用コンパス**を用いて描きます。小さな円や数字、英字などを正確に描くためには**テンプレート**が便利です。プラスチック製の板にくり抜かれたかたちに沿って描きます。

三角スケール

実際の建築物を縮小した図面を描くときに用います。また、図面から実際の寸法を読み取るときにも用います。各面に異なる6種類の縮尺（p.10参照）の目盛が付いているため、計算することなく正確な寸法の図面を描くことができます。長さが30cmと15cmのものがあり、使い分けると便利です。

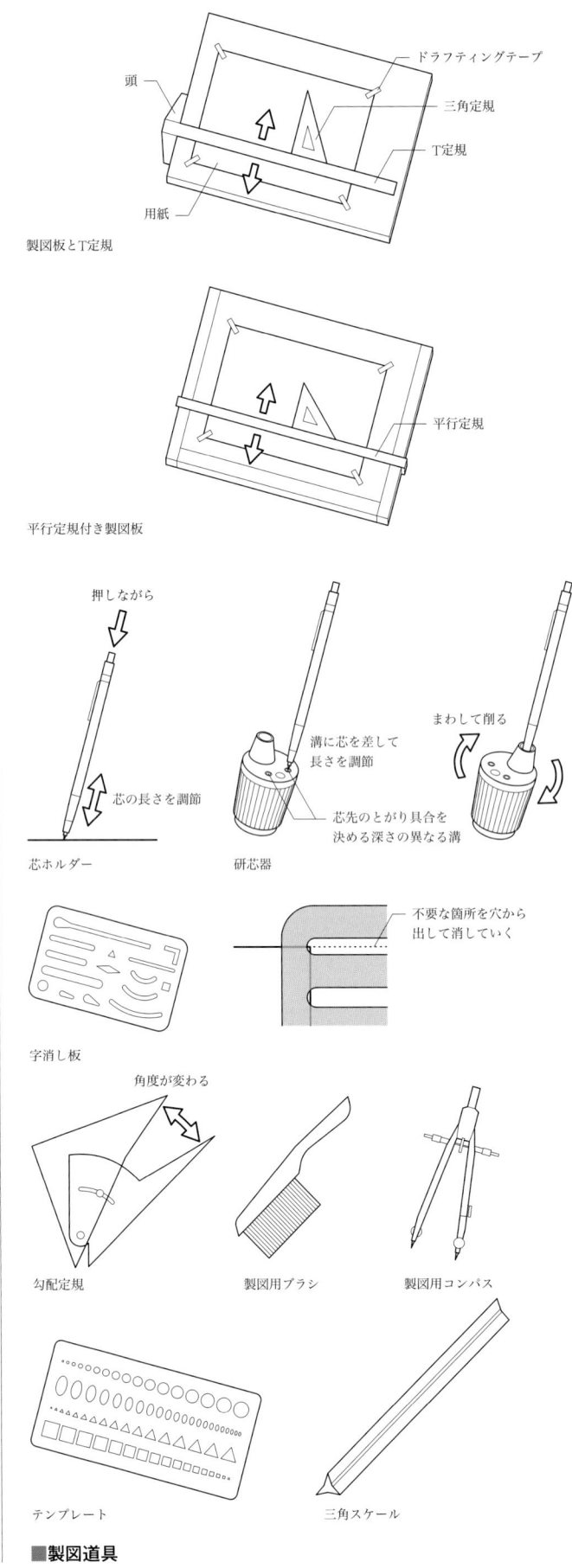

■製図道具

I-2 線の描き方

正しい製図道具の用い方を学ぶと共に、さまざまな種類の線を正確に描く練習を行います。

定規の用い方

T定規または平行定規をガイドにして、製図板に平行に用紙を貼り付けます。ドラフティングテープを用い、常に用紙がピンと張るように、四隅を放射状に引っ張るように固定します。テープは対角線に貼ると用紙がたるみません。

T定規は、頭の部分を製図板の側面に押しつけて、常に製図板に対して平行となるように用います。

三角定規や勾配定規は、T定規・平行定規の上部に載せるようにして用います。その際、三角定規・勾配定規とT定規・平行定規のそれぞれの縁が密着するようにします。

三角スケールは、適切な縮尺の目盛を上向きに置いて寸法を読み取ります。その際、誤差が生じないように真上から目盛を見るようにします。1/2や1/20といった目盛にない縮尺を測る場合には、1/200の目盛を代用します。

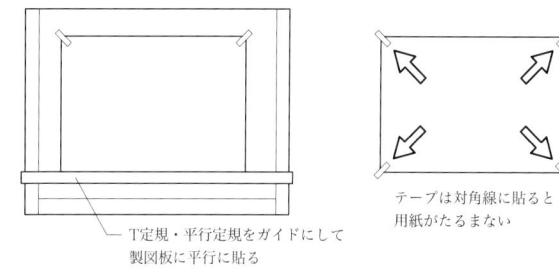

■用紙の貼り付け

線の描き方

線は太さが常に均一になるように描かなければならないため、芯の減りが一定になるように鉛筆を回転させながら描くようにします。回転させずに描くと芯の同じところが減って線の太さが変わってしまいます。

線は「引く」と言われることが示すように、鉛筆を押して描くのではなく、引いて描くことが原則です。右利きの人の場合、水平線はT定規または平行定規を用いて必ず左から右へ、垂直線は三角定規を用いて必ず下から上へ向かって描くようにします。水平線、垂直線以外の線を描く場合にも、必ず左から右へ向かって描くようにします。左利きの人の場合には反対になります。

線を描く際には、必ず鉛筆の下に定規をあてがうようにします。線を描く手順としては、描いたばかりの線を定規で擦らないように定規を移動させることが重要です。

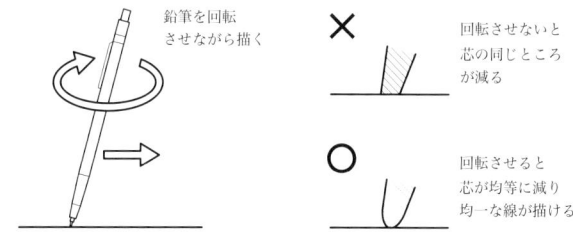

■鉛筆の用い方

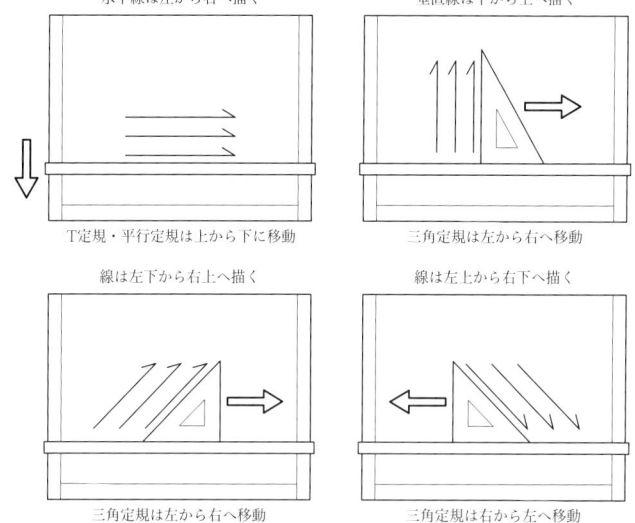

■線を描く手順(右利きの場合)

用紙

製図用紙にはケント紙やトレーシングペーパーが用いられますが、その大きさはJIS（Japanese Industrial Standard：日本工業規格）によって統一されています。建築の図面ではA列が用いられます。A0判は面積$1m^2$の大きさで、2辺の比が$1:\sqrt{2}$となっています。A0判の半分がA1判、A1判の半分がA2判となるように、前の判の半分が次の判の大きさとなります。

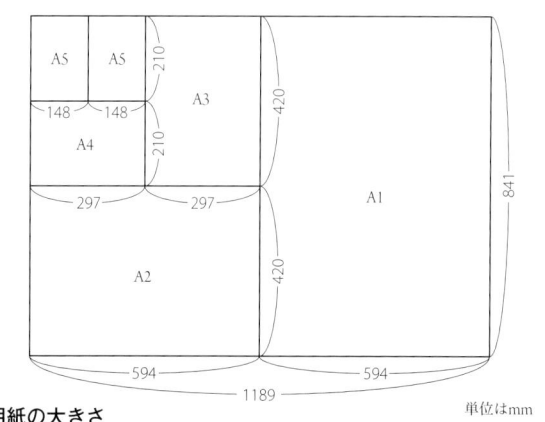

■用紙の大きさ

線

表記するものや目的によって線の種類や太さが使い分けられます。一般的に用いられる線の種類は、**実線**、**点線**、**破線**、**一点鎖線**の4種類、線の太さは**細線**、**中線**、**太線**の3種類です。「細い線＝薄い線」ではなく、用紙に鉛筆の芯の跡が残るように、細線もしっかりと濃く描き、太線は特に濃く描くことを心掛けます。目安としては、細線は0.1mm程度、中線は0.3mm程度、太線は0.5mm程度で描きます。

線と線が交わる箇所、特に角の部分では、線と線が確実に接していることが大切です。破線や一点鎖線、円と直線が交わる箇所においても、同じような注意が必要です。破線や一点鎖線では、点の長さや隙間の間隔の長さを揃えることにも注意します。

補助線

作図を補助するために描く線であり、実際に図面として描く線と混同されないように、鉛筆に力を入れず、できるだけ目立たないように薄く、細く描きます。基本的に、作図後も補助線を消す必要はありません。つまり、消さなくとも気にならないような薄い線を描く必要があります。

図面をきれいに仕上げるためには補助線を上手に用います。補助線を描いてから、必要な部分のみをしっかりと清書します。たとえば、決められた長さの水平な平行線を描く場合、まずは線の始点を通る垂直な補助線を描きます。そこから水平に補助線を描き、その補助線上に三角スケールを用いて必要な長さを測り、小さな印を描きます。次に、その印から垂直に補助線を描きます。その2本の垂直な補助線を水平に結んだ線が、決められた長さの線となります。

実際に作図をする位置で、三角スケールを用いて印を描くと、一定の濃さ、太さの線になりません。必ず作図位置の近くに補助線を描き、その補助線上に印を描くようにします。

文字

原則として横書きとします。大きさを揃えてていねいに書くことを心掛け、上下に薄く補助線を引き、その線に文字の天地を合わせると安定した文字を書くことができます。数字やアルファベットは、テンプレートを使うときれいに仕上がります。数字は原則としてアラビア数字を用います。

図面を見やすくするために、表題、図面タイトル、室名などの内容に合わせて文字の大きさを揃えます。目安として、図面タイトルは4～5mm（11～14pt）、室名などの図面内に書き込む文字は2～3mm（5～8pt）程度で表記するとよいでしょう。また、ワープロやCADなどを利用する場合、一般的には文字の大きさはポイント（1pt≒0.3514mm）で表されます。

寸法

実物の具体的な大きさを示すもので、単位はmmを用い、原則的に単位記号は表記しません。寸法線は、寸法を示す位置がはっきりとわかるように描きます。寸法数値は寸法線の上（左）に書き、水平方向の寸法は左から右へ、垂直方向の寸法は下から上へ横書きで表記することを原則とします。

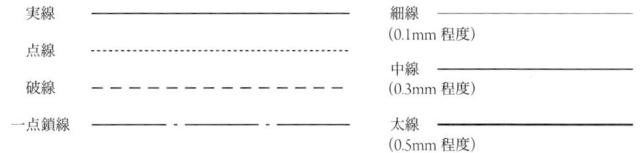

■線の種類と太さ

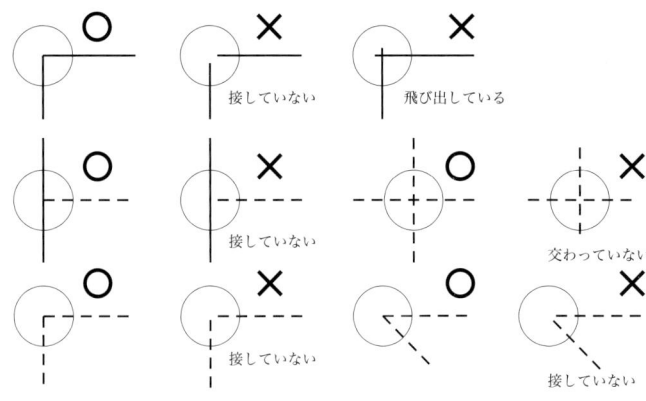

■線と線が交わる箇所

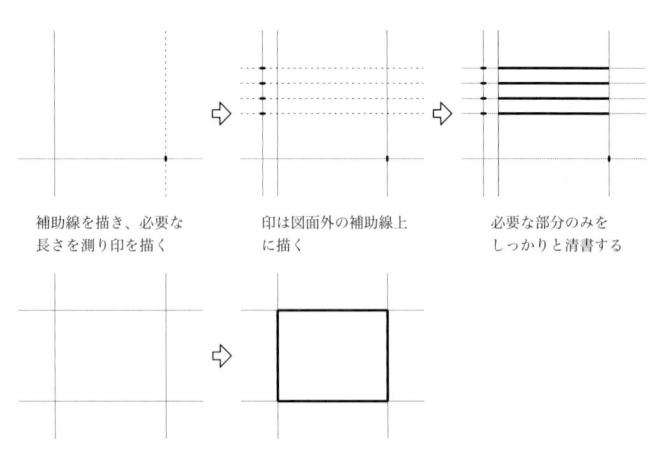

■補助線の用い方

■文字の大きさ

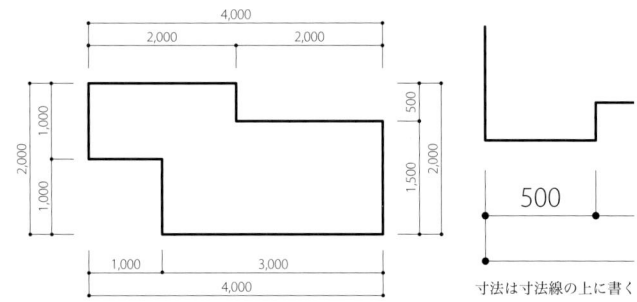

■寸法と寸法線

課題｜線を描く

以下の線や文字を描きなさい。

[1] 水平に長さ240mmの細線、中線、太線を3mm間隔で3本ずつ描きなさい。また、長さ60mmの点線、破線、一点鎖線を3mm間隔で2本ずつ描きなさい。

[2] 45度の角度の斜め線を描きなさい。右上がりに垂直の高さが40mmの細線、中線、太線を3mm間隔で3本ずつ、点線、破線、一点鎖線を3mm間隔で2本ずつ描くこと。左上がりの同様な線も描きなさい。

[3,4] 90mm角の枠の中にパターンを描きなさい。指定された細線、中線、太線で描き分けること。

[5] 文字を書きなさい。必要な寸法線、寸法も描くこと。また、図面枠、タイトル枠を描き、図面タイトル、学生番号、氏名などを記入すること。

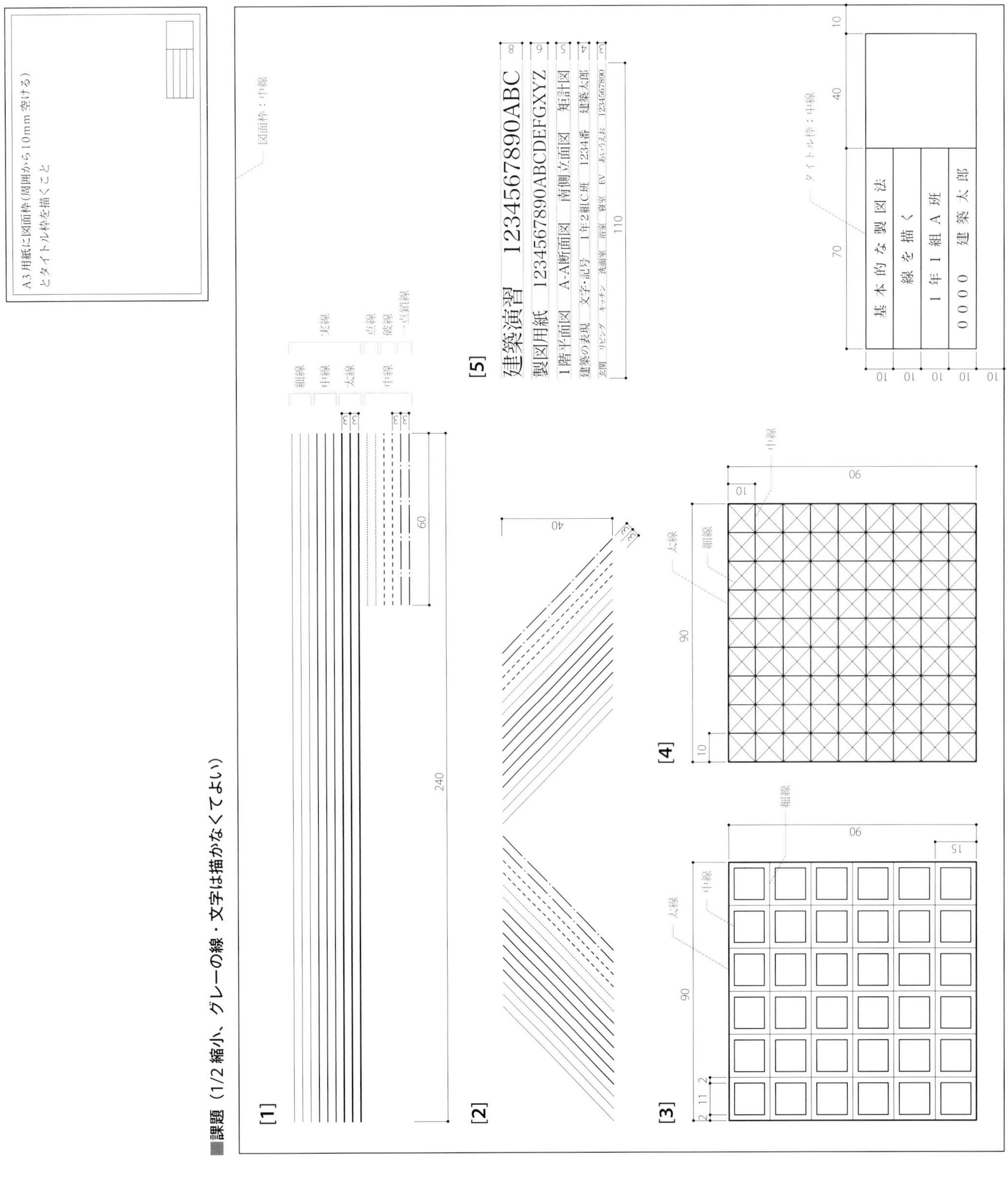

■課題（1/2縮小、グレーの線・文字は描かなくてよい）

I-3 図面の描き方

建築物は、平面図、立面図、断面図などさまざまな図面で表現されます。誰もが見やすい図面を描くために、用紙の上に各種の図面を的確にレイアウトしなければなりません。統一された図面表記、寸法表記、文字表記、線の種類と太さを用いることが重要です。

図面

建築物は三次元の空間ですが、これを二次元の平面に置き換えたものが図面です。図面は建築物を表現するための言葉や文字と同じ性質のものです。正確であること、わかりやすいこと、共通した建築の言葉であることが重要となります。

平面図は、建築物を水平に切断し、上の部分を取り除き、真上（無限遠距離）から見下ろした切断面の図です。一般的には太さの異なる2種類の実線、すなわち切断された断面の線とその向こう側に見えてくるものの姿かたちで表します。加えて、切断面の手前側（上方）の姿かたちを破線で表します。

断面図は、建築物を垂直な面で切断し、手前の部分を取り除き、真横（無限遠距離）から見た切断面の図です。平面図と同様に、一般的には断面線とその向こう側に見えてくるものの姿かたちで表します。

立面図は、建築物の外観を表したものです。遠近を表現したものではなく、真横（無限遠距離）から眺めた正投影法で描きます。

その他の主な図面には、配置図、矩計図（かなばかり）、展開、天井伏図（ぶせず）、屋根伏図（ぶせず）、原寸図などがあります（p.40参照）。

なお、本書では建築物以外のものの図面についても、建築図面に則った図面名称を用いています。

縮尺

建築の図面では、実物よりも小さく描くために、図面上の寸法を実物の寸法で除した比で表記します。表記する内容によって、適切な縮尺を選択する必要があります。

図面の種類	縮尺
原寸図、部分詳細図など	1/1、1/2
矩計図、平面詳細図など	1/5、1/10、1/20、1/30、1/50
平面図、断面図、立面図、配置図など	1/50、1/100、1/200
大規模な敷地の配置図など	1/500、1/1,000

■適切な縮尺

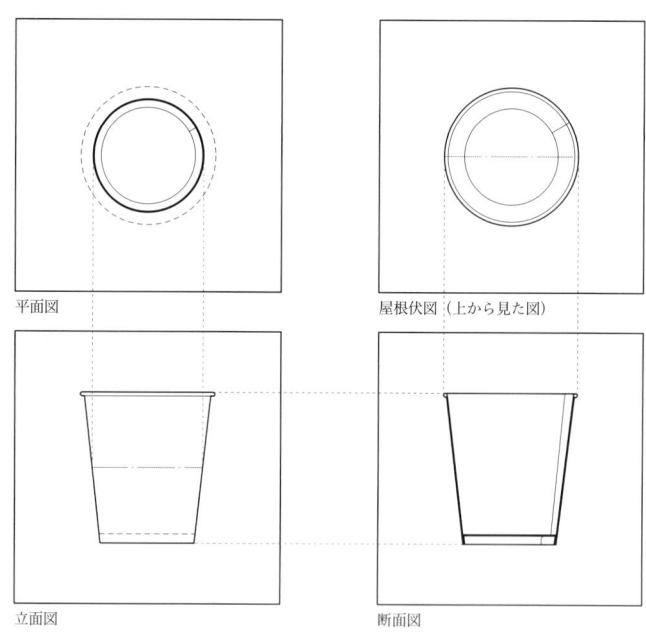

平面図 / 屋根伏図（上から見た図） / 立面図 / 断面図

コップを水平に切断

コップを垂直に切断

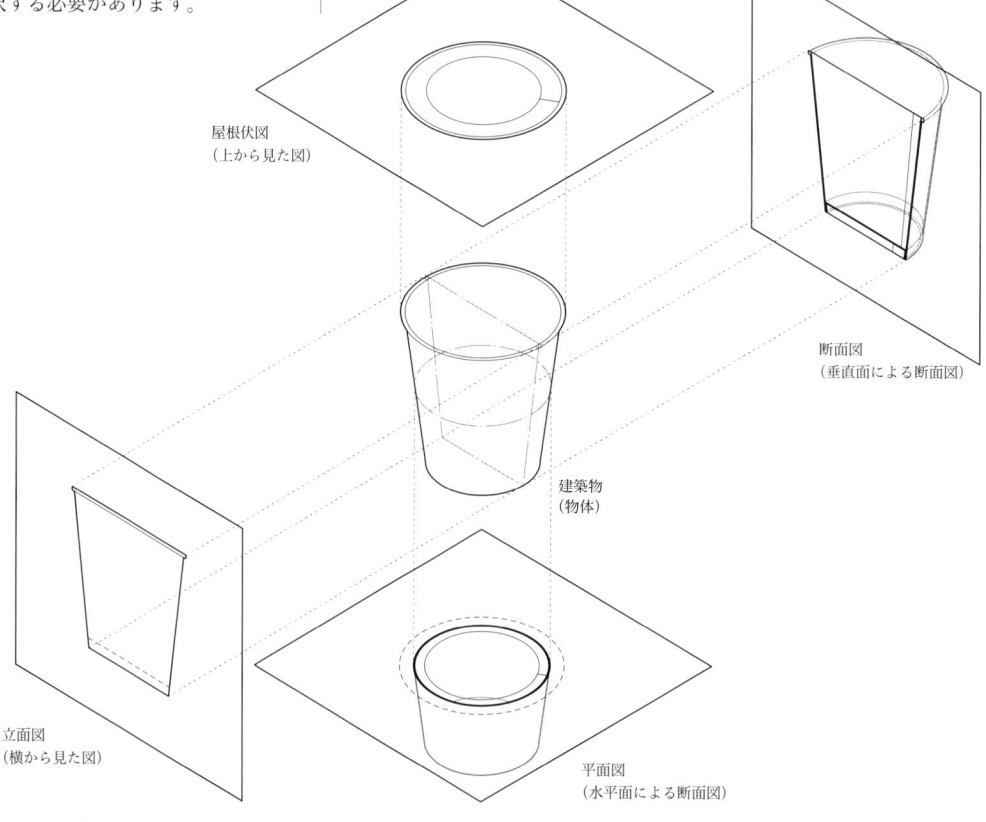

屋根伏図（上から見た図） / 断面図（垂直面による断面図） / 建築物（物体） / 立面図（横から見た図） / 平面図（水平面による断面図）

■平面図・立面図・断面図の関係

課題 | 身の回りのものを描く

身の回りのもの（紙コップ）を測って、原寸大（縮尺 1/1）で図面化しなさい。A-A'断面図、B-B'断面図、C-C'平面図、下から見た図を描くこと。
（解答は p.24）

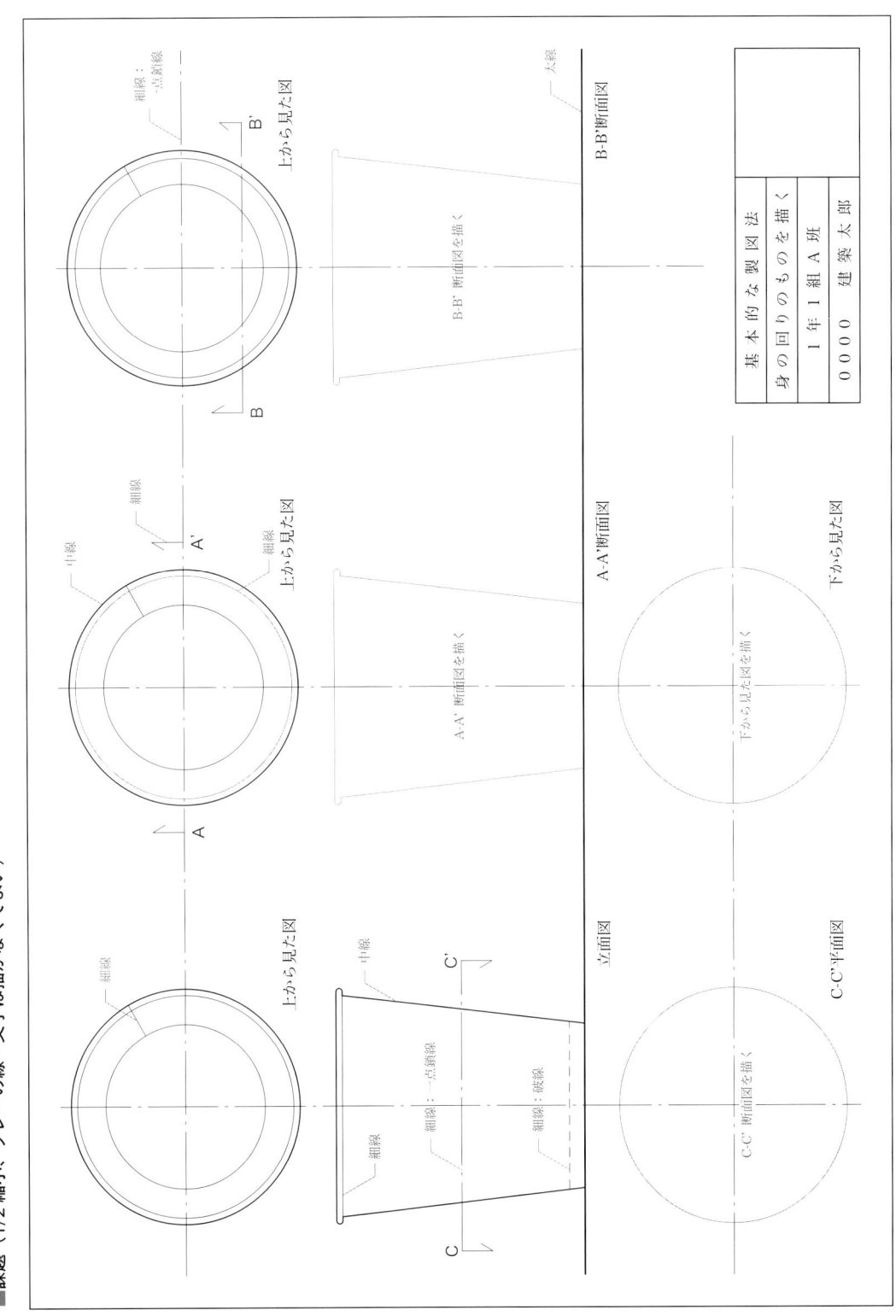

■課題（1/2 縮小、グレーの線・文字は描かなくてよい）

線の種類

表現する目的によって、用いる線の種類や太さは決められています。それぞれに意味をもった線を表現する際に、適切な種類や太さを使い分けることで、図面表現を豊かにすると共に、わかりやすい図面を描くことができます。

基準線は、一点鎖線の細線を用います。通り芯（p.26参照）にも用いられます。建築物は多くの部材から構成されるため、組み立てる際に基準となる線を決めておく必要があります。一般的には柱や壁などの構造体の中心を通る線を基準として示します。

断面線は、実線の太線を用います。平面図や断面図において、建築物や部材の切断面を表すのに用い、見える部分と見えない部分との境を表します。地面の断面線であるGL（Ground Level）も同様な表現を用います。

外形線は、実線の中線を用います。建築物やものの外側から見える輪郭を表すのに用います。

見え掛かり線は、実線の細線を用います。切断面以外の目に見える姿を表すのに用います。

隠れ線は、破線の細線を用います。実際には見えない隠れた線を表すのに用います。平面図においては、軒や階段などの上部にあるものの先端の位置を示すためにも用います。

想像線は、破線の細線を用います。平面図において、家具や建具など動くものの位置を示す場合に用います。

切断線は、一点鎖線の細線を用います。断面図の切断位置を示す線で、切断線の両端に記号を入れ、切断面を見る方向を明らかにします。一般的には平面図上に示します。

破断線は、実線の細線を用います。同じものが連続したり、長大で図面に納まらない場合、図の途中を省略するために用います。平面図において、階段やスロープを水平に切断する場合にも用います。

寸法線は、実線の細線を用います。図面上で実際の大きさを示すために用います。一般的には基準線より補助線を引き出し、寸法線を記入します。

中心線は、一点鎖線の細線を用います。建築物や部材の中心線を表すのに用います。

対応線は、点線の細線を用います。異なる図の同一の点を結ぶ線です。

引出線は、実線の細線を用います。素材の名称などを記入するのに用います。線や文字が重ならないように注意して位置を決めます。

ハッチングは、実線の細線を用います。断面図の切り口や特定の部分を他と区別する場合に用います。

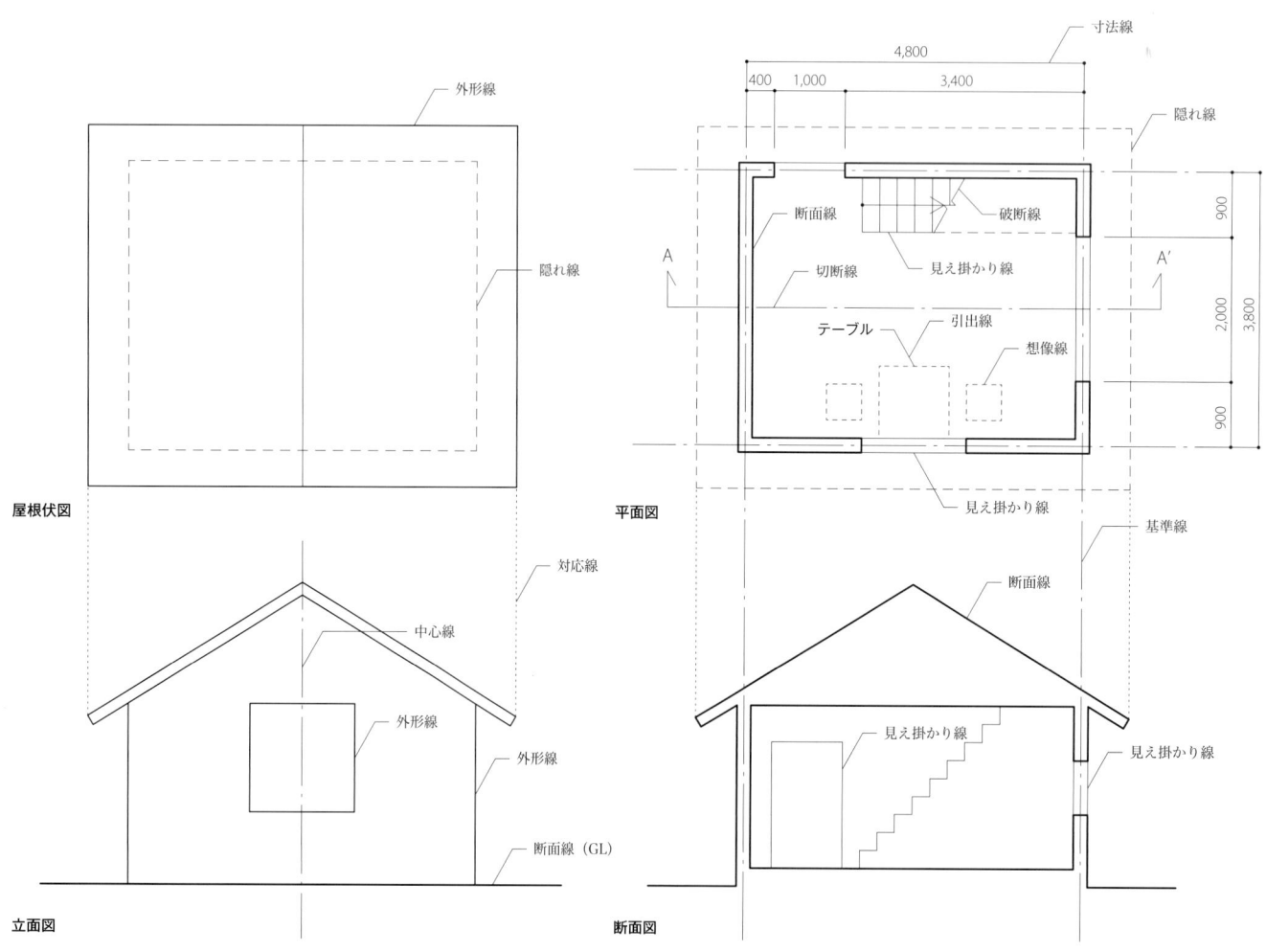

■図面表現における線の種類

課題 | 自分でつくった立体を描く

自分でつくった立体を測って、縮尺1/2で図面化しなさい。立体は、厚さ3mmのスチレンボードを用いて、大きさ30mm、45mm、60mmの立方体を3個ずつ計9個つくり、それらをXYZの3軸に合わせて、組み立ててつくること（p.46参照）。

図面は、立体の平面図2面、立面図2面、断面図2面を描きなさい。

作品例

■作品例1

■作品例2

■作品例3

■作図例（1/2縮小、グレーの線・文字は描かなくてもよい）

I　基本的な製図法

I-4 立体図の描き方

三次元の立体を二次元の図面上に表現する立体図の描き方を学びます。初心者でも比較的簡単に作図できる方法として、平行投影法の中から、主にアイソメ（アイソメトリック：Isometric）とアクソメ（アクソノメトリック：Axonometric）を取り上げ、どのような場合に使用するかを学びます。

投影法
三次元の立体を二次元の図面上に表現するための方法として用いられます。視点と物体の間に投影面を設定し、視線（投影線）と投影面が交差した軌跡によって、物体の位置やかたちを表現する図法です。

平行投影法は、無限遠からの平行な視線によって物体を投影面上に表現する図法で、**直角投影法**と**斜投影法**の2種類があります。**透視投影法**（パースペクティブ：Perspective、略してパース）は、1つの視点からの放射状の視線によって物体を投影面上に表現する図法で、**一点透視投影法、二点透視投影法、三点透視投影法**（p.18参照）の3種類があります。

直角投影法
正投影法は、物体の1つの面に平行な投影面を設定し、投影面に垂直な平行投影線を用いて表現する図法です。長さと角度が正確に表されるため、平面図や立面図など建築図面で一般的に用いられています。

軸測投影法は、物体の1つの面に斜めな投影面を設定し、投影面に垂直な平行投影線を用いて表現する図法であり、直交する三辺の長さが正確に表されます。**等角投影法**（アイソメ）は、直交する三辺のなす角度がそれぞれ120度、水平線に対する傾きが30度となるもので、**不等角投影法**は、それぞれの角度を任意に設定したものです。

斜投影法
物体の1つの面と平行な投影面を設定し、投影面に対して傾いた平行投影線を用いて表現する図法であり、一面の長さと角度が正確に表されます。**カバリエ投影法**は、垂直な一面の長さと角度を正確に表し、直交する奥行き方向の長さを正確に表したもので、**キャビネット投影法**は、奥行き方向の長さのみを実長の1/2としたものです。それに対し、**平面斜投影法**（アクソメ）は、水平な一面の長さと角度を正確に表すとともに、直交する高さ方向の長さを正確に表したものです。

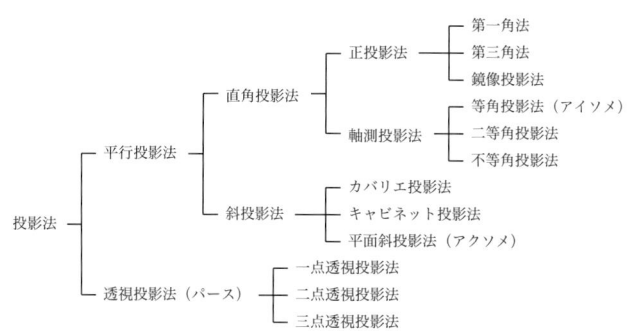
■投影法の種類

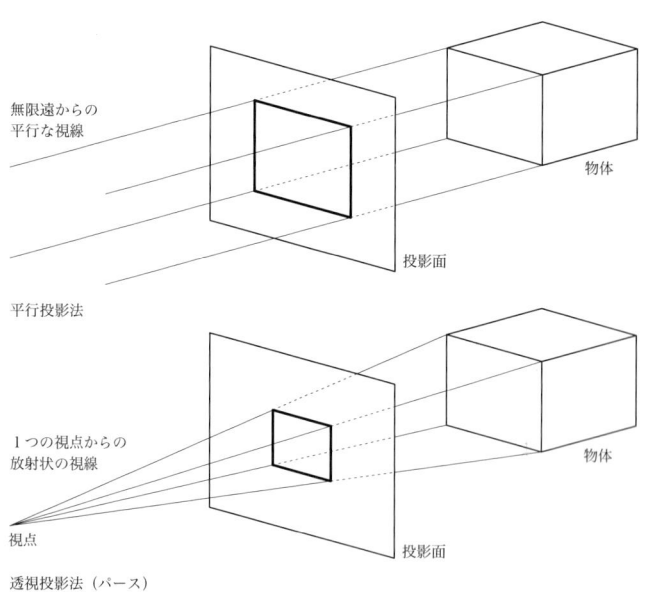
■投影法の原理

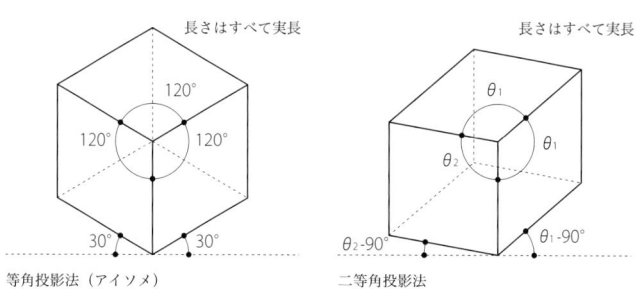
■軸測投影法の種類

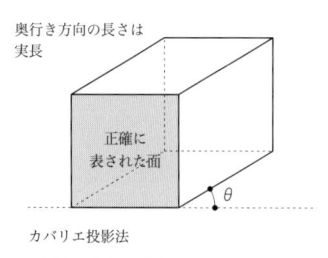
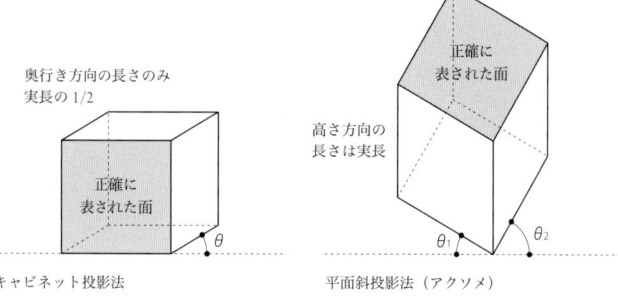
■斜投影法の種類

I-4 | 立体図の描き方

立体図

平行投影法の中では**アイソメ**と**アクソメ**が、建築物の全体を立体的に表現する方法として用いられます。また、目的に応じてカバリエ、キャビネット投影法も用いられます。ただし、これらは鳥瞰図となるため、建築物を人間の目線から見るという視点には欠けています。

立体図を作図する際にも、建築物やものの外側から見える輪郭を外形線で、それ以外の目に見える姿を見え掛かり線で表現することにより、形状を把握しやすい立体図を描くことができます。

アイソメ図

見た目に自然な形状を表現できるのが特徴です。作図方法は、水平線と垂直線を描き、その交点から左右にそれぞれ30度の線を描きます。この30度の線に実長の奥行きを、垂直線には実長の高さをとって作図していきます。

アクソメ図

平面図の形状がそのまま表現に反映されることが特徴であるため、容易な表現方法として用いられます。ただし、アイソメ図と比べて、直行する三辺のなす角度が異なるため、形状が不自然に見える場合があります。作図方法は、水平線と垂直線を描き、その交点から左右のどちらかに任意の角度（一般的に30度または45度）の線を、もう片側に90度から先ほどの任意の角度を引いた角度（60度または45度）の線を描きます。それぞれの線に実長の奥行きを、垂直線には実長の高さをとって作図します。より簡単な作図方法は、傾けて置いた平面図の各点から垂直線を描き、同じ縮尺で実長の高さをとることにより描くことができます（p.42参照）。

同様に、立面図の形状をそのまま表現に反映する場合にはカバリエ図を用います。ただし、カバリエ図では奥行きが強調されて表現されるため、奥行き方向の長さのみを実長の1/2とするキャビネット図が用いられることがあります。

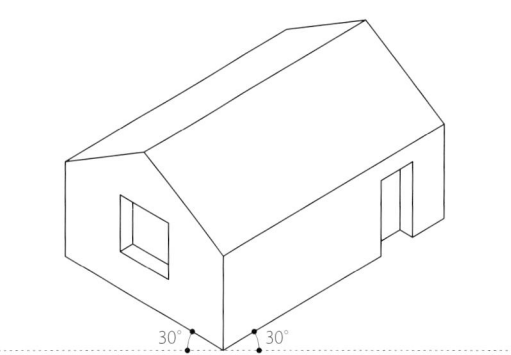

■アイソメ図

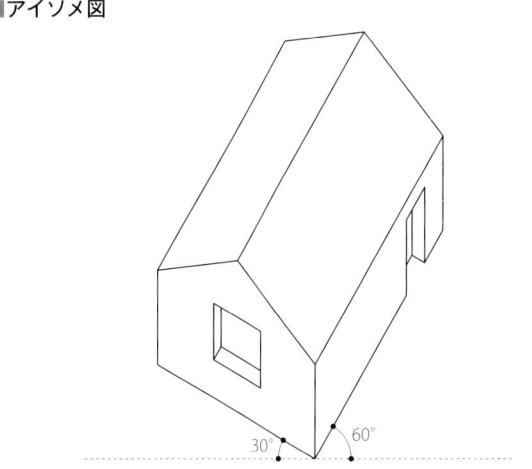

■アクソメ図

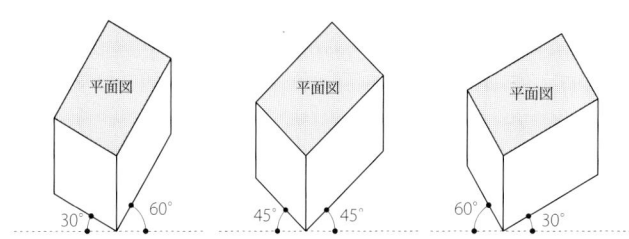

■平面図を用いたアクソメ図

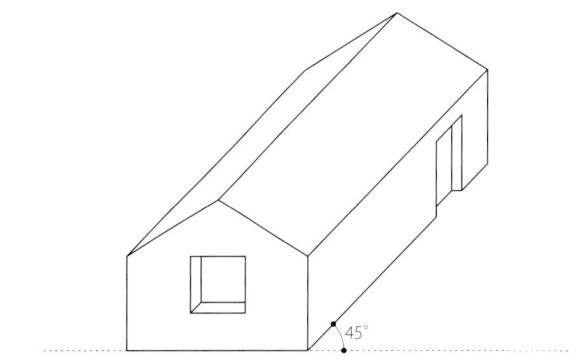

■カバリエ図

キャビネット図（点線部分）は、奥行き方向の長さのみ実長の1/2

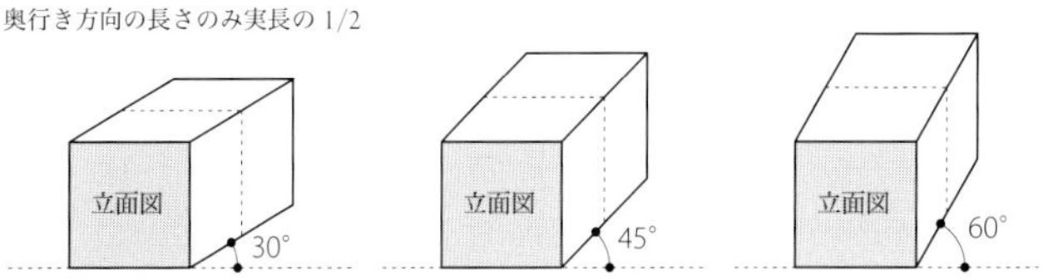

■立面図を用いたカバリエ図

立体図の事例

アイソメ図やアクソメ図を用いることで、二次元の図面上に建築物の形状を立体的に表現することができる。必要に応じて屋根や壁を透明なものとして扱うことで、内部空間の構成を示すこともできる。

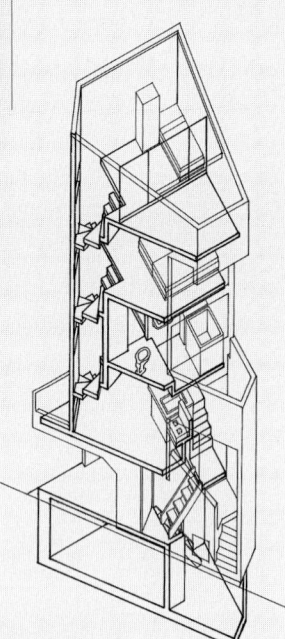

塔の家
東孝光／1966
都心にある6坪の狭小敷地に暮らす建築家の自邸。屋根と外壁を透明なものとして扱い、建物の外形と部屋のつながりをアクソメ図で表している。階段の吹き抜けを中心に、レベルの異なる床により空間が仕切られていることが読み取れる。

スパイラル
槇文彦／1985
ギャラリー、ホール、ショップなど多様な機能を内包した複合施設。外観においても、さまざまな形態をもった部分が集合することにより、都市のイメージを表現している。アクソメ図により建物外観の構成と周囲を表すとともに、一部の屋根と外壁を透明なものとして扱うことで、内部の螺旋状のスロープを示している。

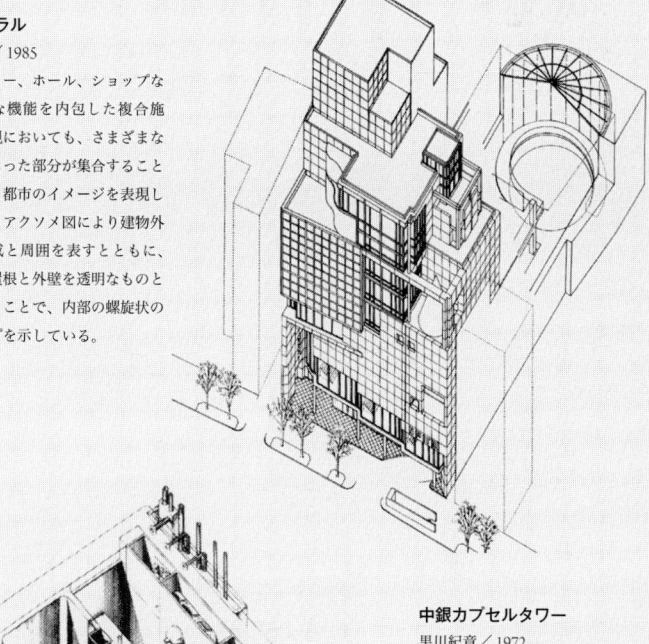

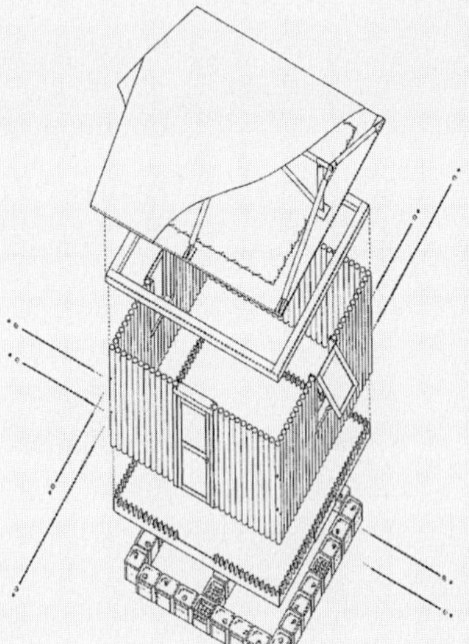

紙のログハウス
坂茂／1995
阪神・淡路大震災の被災地に建てられた仮設住宅。紙管構造を採用し、基礎は砂袋入りのビールケースを使用している。屋根、壁、床、基礎といった建物を構成する要素に分解したアクソメ図。平面形状を正確に表すとともに、それぞれの要素ごとに高さ方向へずらした表現とすることで、パーツ構成を示している。

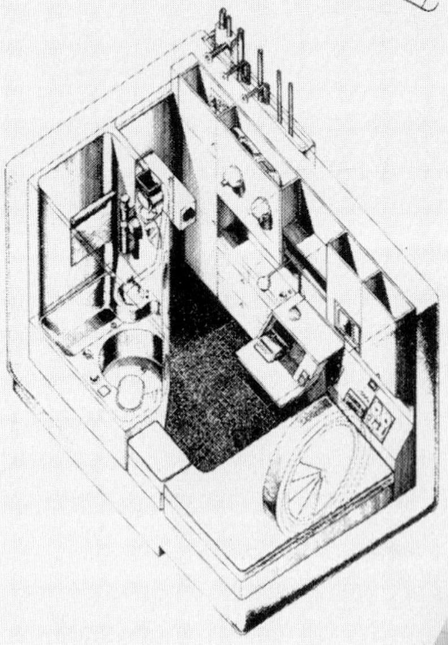

中銀カプセルタワー
黒川紀章／1972
住空間としての機能をもった「カプセル」を交換することで、建物が使い続けられるという思想に基づき設計された集合住宅。「カプセル」の天井と手前側の壁を透明なものとして扱い、室内の家具や水回りの詳細を描いたアイソメ図。

シルバーハット
伊東豊雄／1984
鉄骨のフレームでできたボールト状の屋根が生活の場を覆う建築家の自邸。仮設のような軽やかな空間が生まれている。立面図を用いて上部へ垂直に奥行きを表現したカバリエ図。

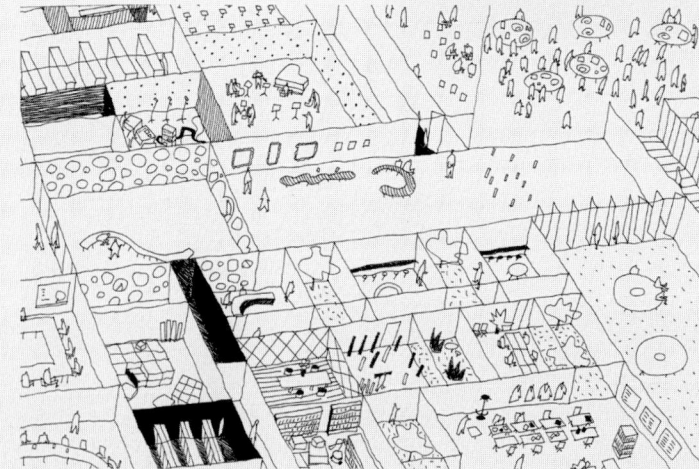

スタッドシアター・アルメラ
SANAA／2006
カルチャーセンターと劇場の複合施設。大きな部屋と小さな部屋を、薄い壁で仕切って並べることで、空間の大きさにより生まれる序列を対等に扱っている。屋根を透明なものとして扱うことで、内部の雰囲気を伝える、不等角投影法によるイメージスケッチ。

課題 | 立体図を描く

図に示す立体について、以下の方法で立体図を描きなさい。
A. アイソメ図
B. アクソメ図
C. カバリエ図
（解答は p.24）

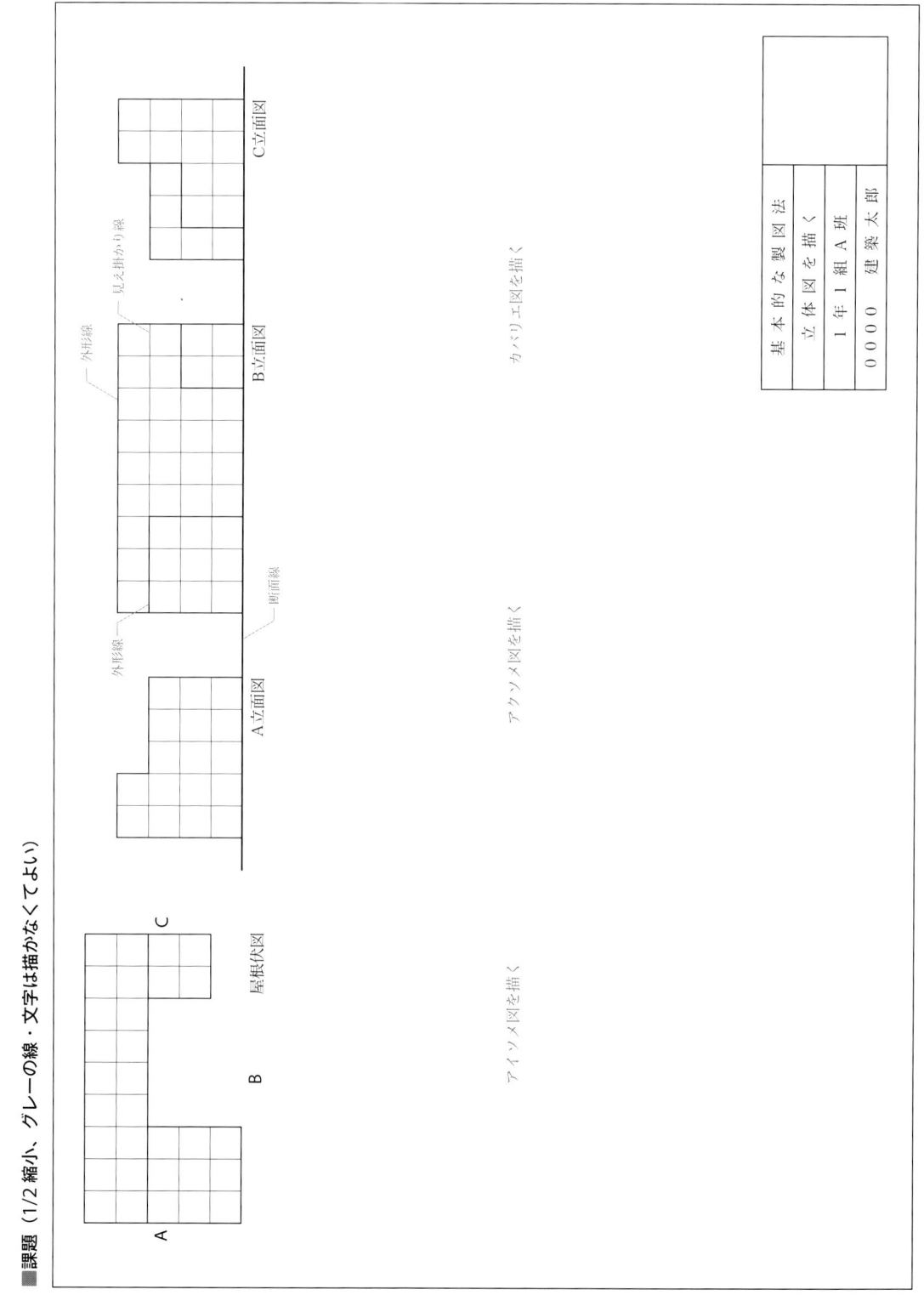

I-5 透視図の描き方

透視図（パース）では、視点から近い部分をより大きく、遠い部分をより小さく描くことで、物体の奥行きを二次元の図面上に表現します。これにより、人間の視線の高さから見える建築物の内観・外観のようすを再現することができます。プレゼンテーションに活用できるだけでなく、設計した建築物の立体的な構成を自分自身で確認する際にも便利です。

透視図の種類

透視図は、投影法の中の透視投影法によって描かれます。物体の正確な位置と形状を、人間の目に見えているまま投影面に投影するため、平行投影法のような視覚的な線の歪みがなく、一般的に理解されやすいことが特徴です。空間上の平行線が収束する**消失点**（VP：Vanishing Point）の数によって、3つの図法が用いられます。

一点透視図は、1つの消失点をもち、物体の1つの面に平行な投影面を設定し、放射状の投影線を用いて表現する図です。投影面に平行な物体の外形線はすべて向きを変えず、投影面に垂直なすべての線は消失点に収束します。1つの方向へ向かう空間の奥行きなどを表現するのに有効であり、内観の表現に適しています。

二点透視図は、2つの消失点をもち、物体の1つの面に垂直な投影面を設定し、放射状の投影線を用いて表現する図です。投影面のすべての水平な線は2つの消失点に収束します。空間の水平方向の広がりや、建築物の立体感などを表現するのに適しており、内観・外観共に幅広く用いられています。

三点透視図は、3つの消失点をもち、物体の1つの面に斜めな投影面を設定し、放射状の投影線を用いて表現する図です。垂直方向にも奥行きの表現ができることから、高さを強調したい建築物などの表現に適しています。

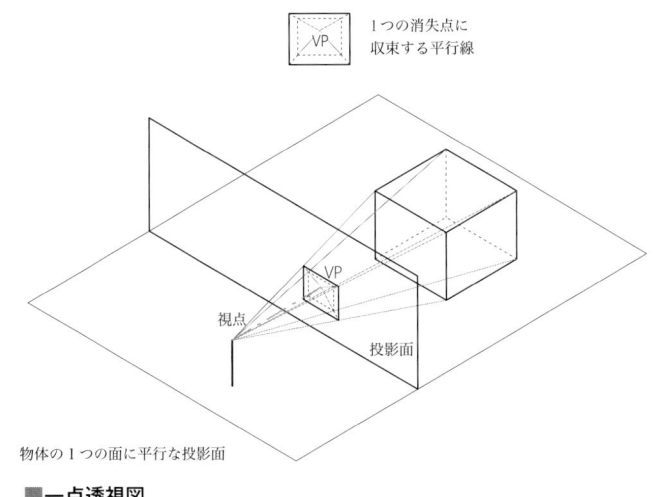

物体の1つの面に平行な投影面

■一点透視図

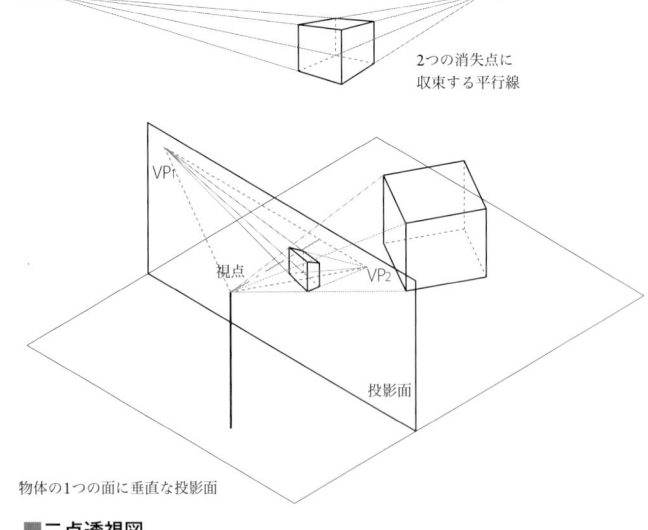

物体の1つの面に垂直な投影面

■二点透視図

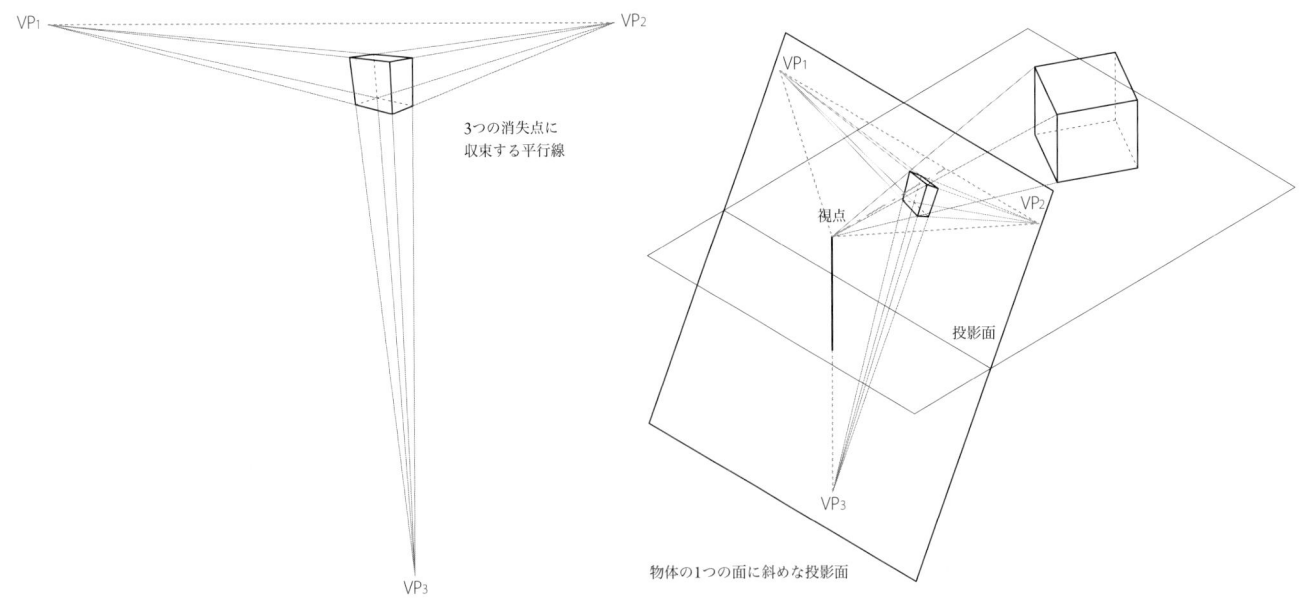

物体の1つの面に斜めな投影面

■三点透視図

透視図の原理

下図の建築物上の点 a、b は、それぞれ投影面上の A、B にあるように見えます。建築物と投影面（PP）と視点（SP）の関係を上から見ると、建築物の幅と奥行きがどのように投影面に投影されるかわかります。横から見ると、建築物の高さがどのように投影面に投影されるかわかり、視点の高さもわかります。そして、正面から見ると、投影面に映し出される像が透視図となって表現されます。

視点の高さは、建築物よりも高ければ見下ろしたように、低ければ見上げたようになります。視点から投影面までの距離は、近ければ近いほど像は小さく、遠ければ遠いほど像は大きくなります。視点から建築物までの距離は、遠ければ遠いほど消失点同士が離れ、水平線は扁平に広がり、透視図上の奥行きは圧縮されて表現されます。

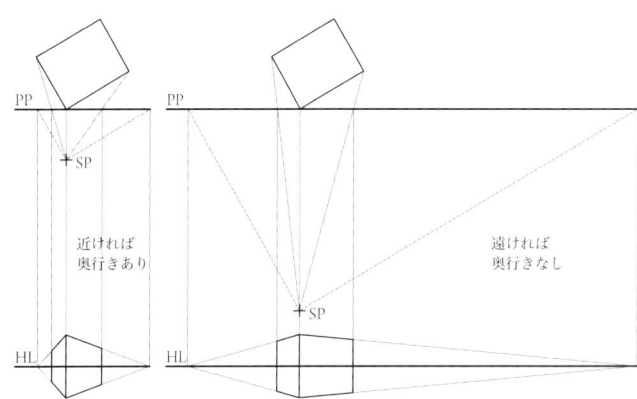
■視点の高さ

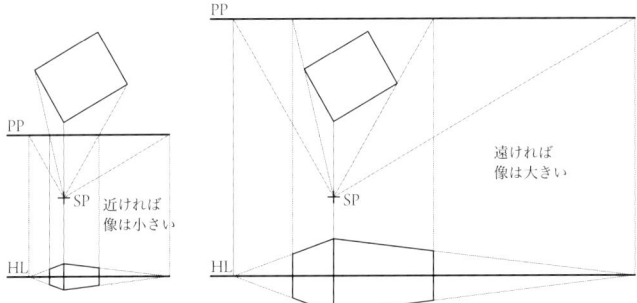

■視点と投影面の距離　　　　　■視点と建築物の距離

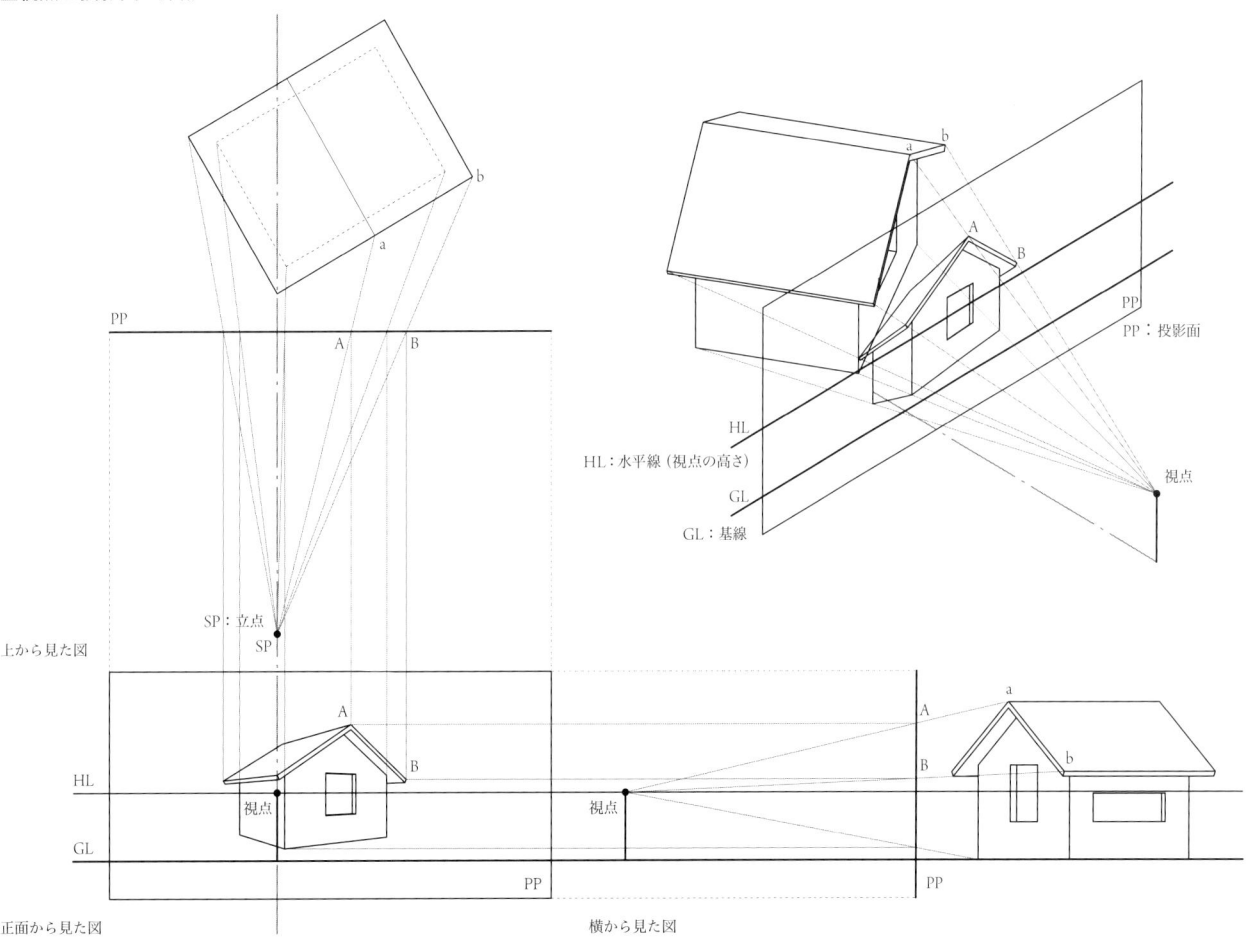

■透視図の原理

透視図の描き方

透視図を作図する際には、物体を見る方向、視点からの距離、視点の高さを考慮し、**投影面**（PP：Picture Plane）、**立点**（SP：Standing Point）、**水平線（視点の高さ）**（HL：Holizontal Line）、**基線**（GL：Ground Line）を設定することが重要です。これらの位置関係から**消失点**（VP）が決まり、描かれる透視図がどのようなものになるかが決まります。表現したい内容をよく考え、これらの位置を適切に設定しなければなりません。

透視図を作図する際にも、立体図と同様に、建築物やものの外側から見える輪郭を外形線で、それ以外の目に見える姿を見え掛かり線で表現することにより、さらに立体的な形状を把握しやすい透視図を描くことができます。

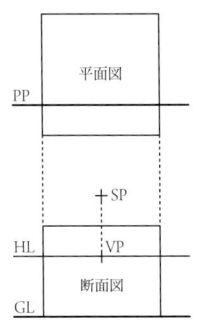

[1] 平面図を描き、PP、SPを定める。平面図の下にPPで切断した断面図を描き、HLを定める。SPより垂直に下ろした線とHLの交点がVPとなる。

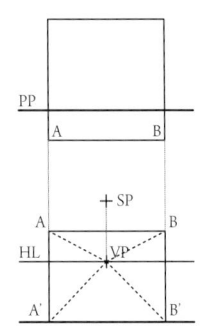

[2] 断面図の各点A、B、A'、B'とVPを結び、室の奥行きを描く。

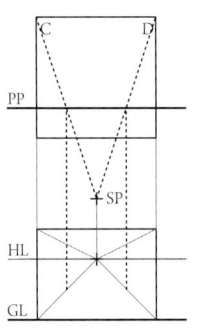

[3] 平面図の各点C、DとSPを結び、PPとの交点より垂線を断面図に下ろす。

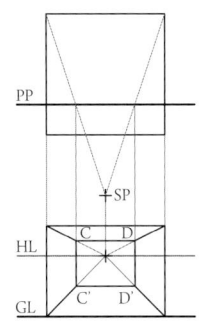

[4] [2]で描いた奥行きの線と[3]で描いた垂線の交点を結んだ面が、C、D、C'、D'による面となる。

■一点透視図の描き方

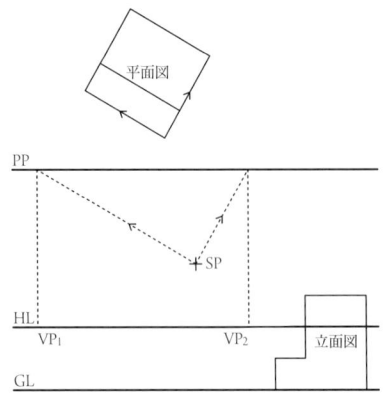

[1] 平面図を描き、PP、SPを定める。平面図の下にHL、GLを定め、各部の高さを示す立面図を描く。次に、SPより平面図の2辺に平行な線を描く。その線とPPの交点よりHLに垂線を下ろす。垂線とHLの交点がVP₁、VP₂となる。

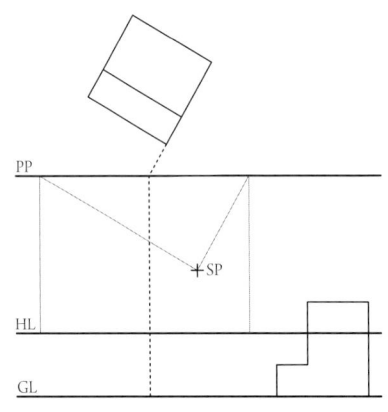

[2] 平面図がPPに接する部分に実長が現れるので、平面図の1辺とPPの交点よりGLに下ろした垂線が高さの基準となる。PPに接しない場合は、平面図の1辺を延長した線を描き、PPとの交点より垂線を下ろす。

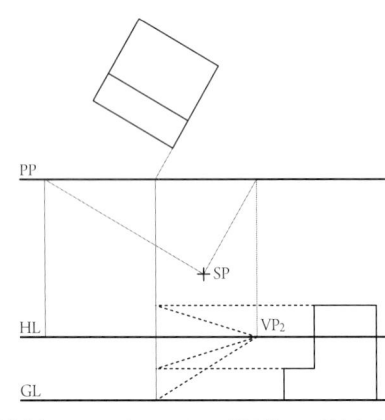

[3] [2]で用いた1辺は、この辺に平行な線による消失点（VP₂）へ収束する。そこで、[2]で描いた垂線に、立面図の各点から水平線を描く。それらの交点とVP₂を結び、物体の奥行きを描く。

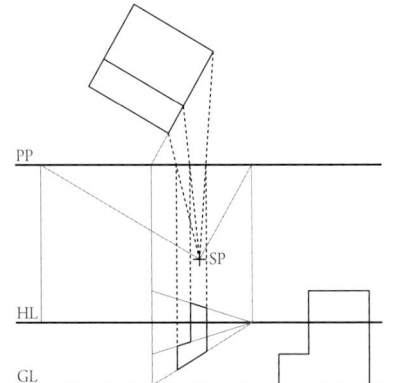

[4] 平面図の各点とSPを結び、PPとの交点より垂線を下ろす。[3]で描いた奥行きの線と垂線を結んだ面が、物体の側面となる。

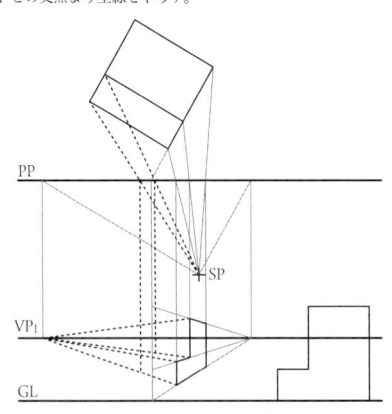

[5] [4]で描いた側面の各点とVP₁を結び、直角に交わる面の奥行きを描く。次に、平面図の各点とSPを結び、PPとの交点より垂線を下ろす。

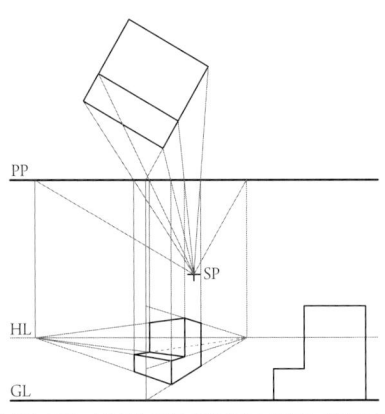

[6] [5]で描いた奥行きの線と垂線を結んだ面が、物体の直角に交わる側面となる。

■二点透視図の描き方

課題 | 透視図を描く

[1] 図に示す立体について、図上の投影面（PP）、立点（SP）、水平線（HL）、基線（GL）による外観の二点透視図を描きなさい。（解答は p.24）

[2] 図に示す部屋について、図上の投影面（PP）、立点（SP）、水平線（HL）、基線（GL）による内観の一点透視図を描きなさい。（解答は p.24）

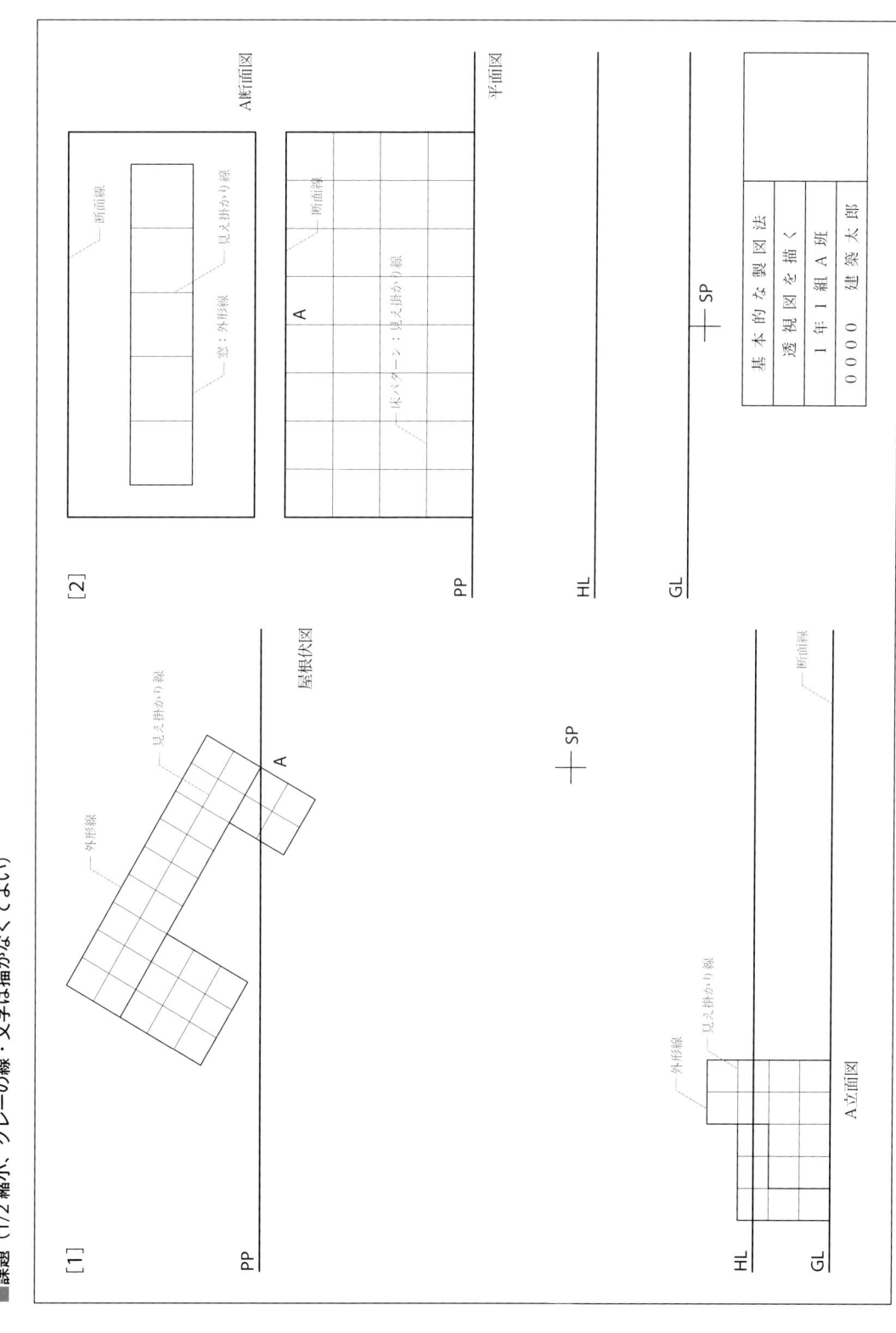

透視図の事例

透視図は、実際の建築物を人間の視点から見たままに表現するときに用いられる。一方向に奥行きをもつ内観では一点透視図、建築物を立体的に表現する外観では二点透視図が用いられることが多い。

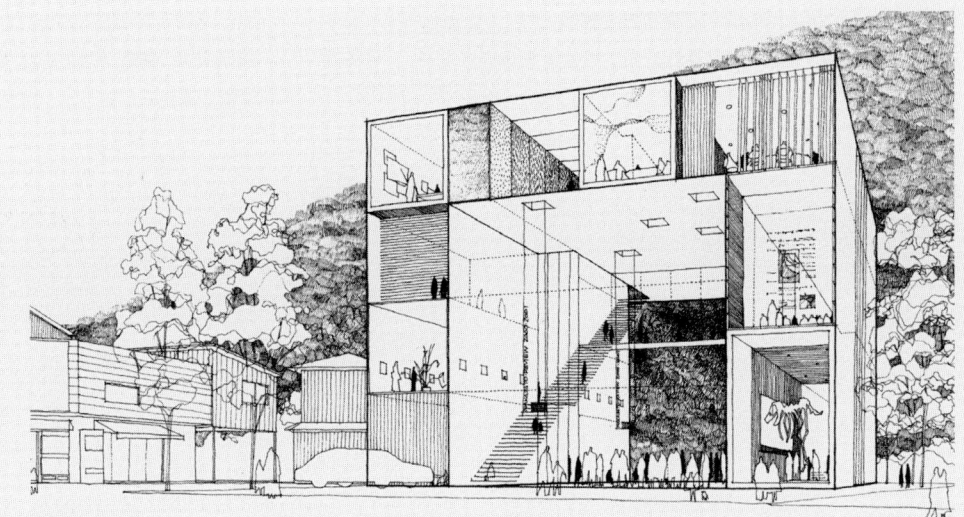

神流町中里合同庁舎
古谷誠章／2003
大きな中央のホールを囲むように、さまざまな性格をもつ部屋が配置され、人々の多様な活動に対応できる公共施設。緻密な線により描き込まれた外観の二点透視図。点線を利用して部屋の奥行きを表現している。

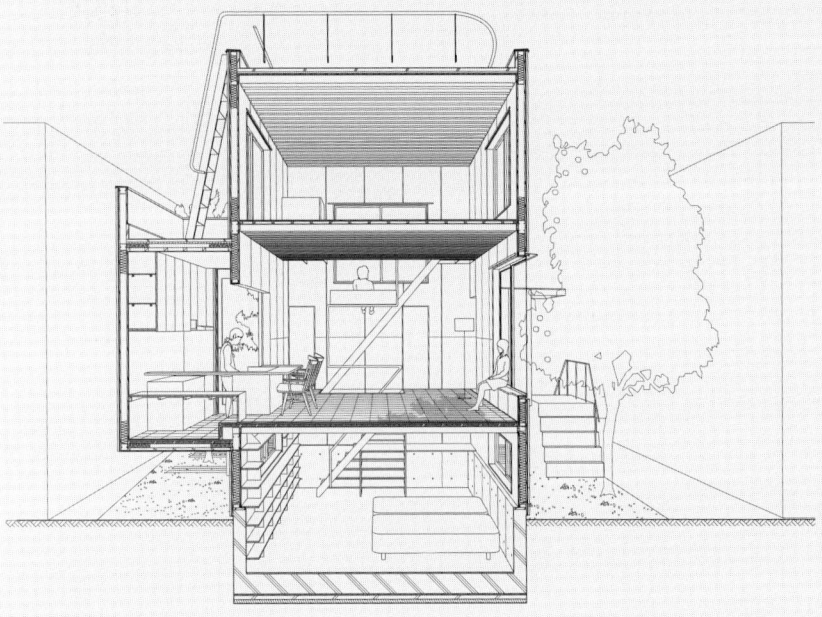

ミニハウス
アトリエ・ワン／1998
3層の狭小住宅。建物を途中で切断して内部を見せる一点透視図（断面パース）によって、隣地との関係、仕上げ材、家具や人物などを細部まで表現している。

日本大学理工学部駿河台校舎1号館
高宮眞介／2003
都心に位置する大学校舎。通りを歩く人たちに中の活動をアピールするため、階段とギャラリーが道路に面している。CGによる外観の二点透視図は、透明感のあるガラス張りの校舎を表現し、人物の写真を合成することでリアリティを高めている。

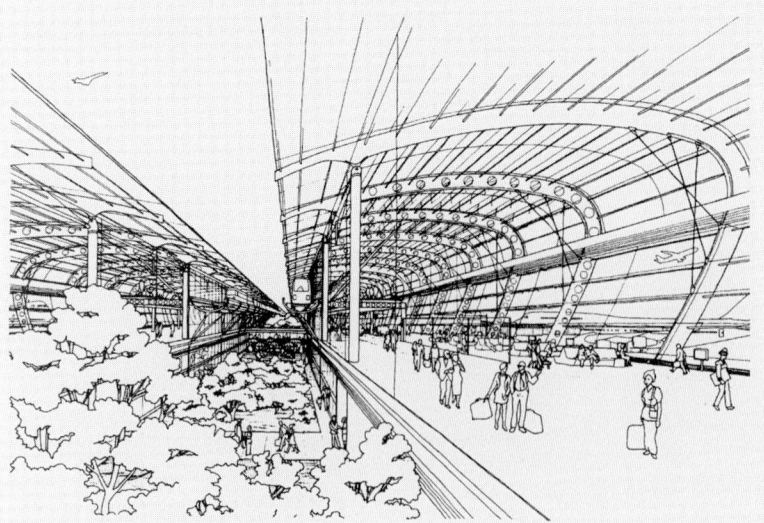

関西国際空港旅客ターミナル
レンゾ・ピアノ／1994
構造体が連続して並ぶ、長大な建物の奥行きのある内部空間を表現する、内観の一点透視図。窓の外の風景を描くことで、単純な線画でありながら、ガラス張りの室内を表現している。

課題｜自分でつくった立体の透視図を描く

自分でつくった立体の二点透視図を描きなさい。立体は、スタイロフォームを用いて20mm角の立方体を30〜40個つくり、それらを好きなように組み立てて台紙に配置すること。XYZの3軸に合わせて組み立てを行い、全体の大きさを160mm程度に収めること。

立体を見る方向、視点の距離、高さをよく考え、投影面（PP）、立点（SP）、水平線（HL）、基線（GL）を、立体ができるだけ大きく描けるように設定すること。透視図は、面に表情を付けたり陰影を描き込んで仕上げること。

作品例 ……………………………………………………………………………………………(1/4縮小)

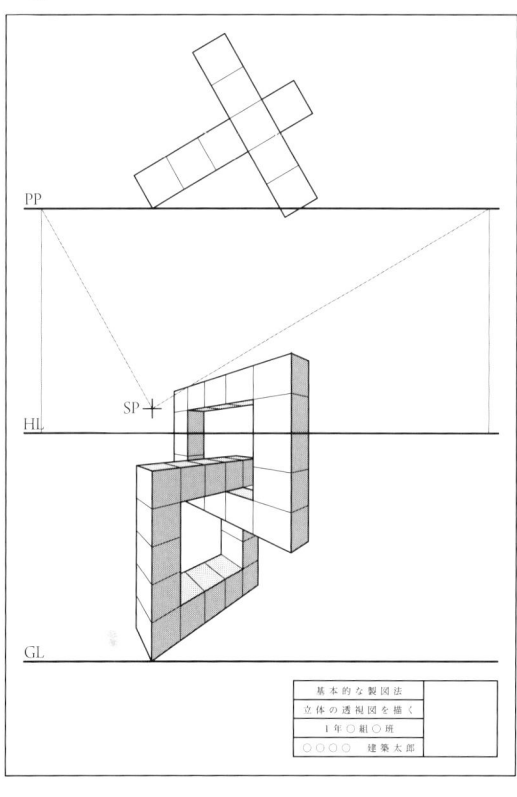
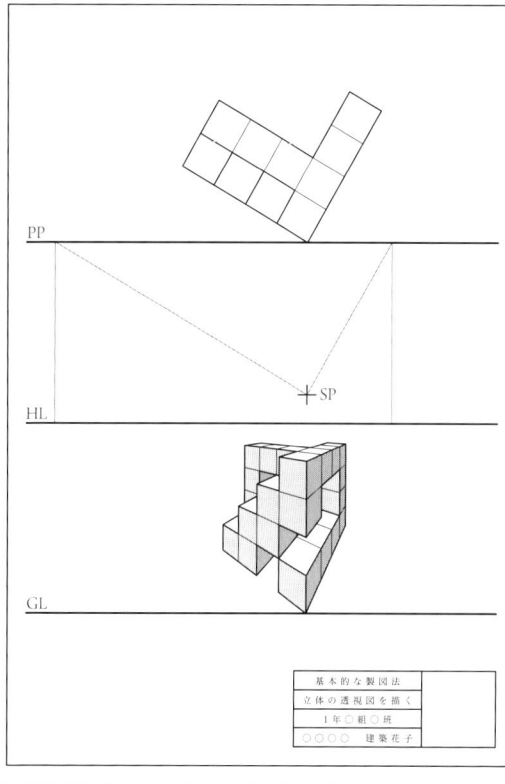

■作品例1

■作品例2

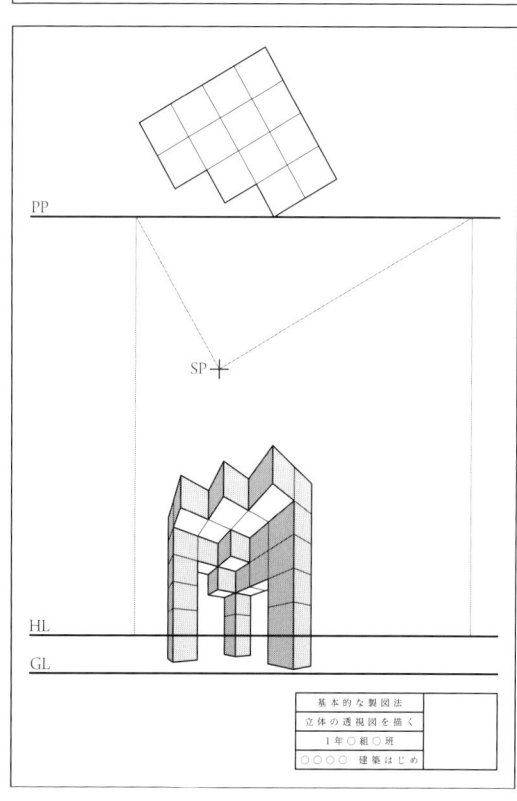

■作品例3

I　基本的な製図法

23

課題の解答

解答：身の回りのものを描く（1/4 縮小）

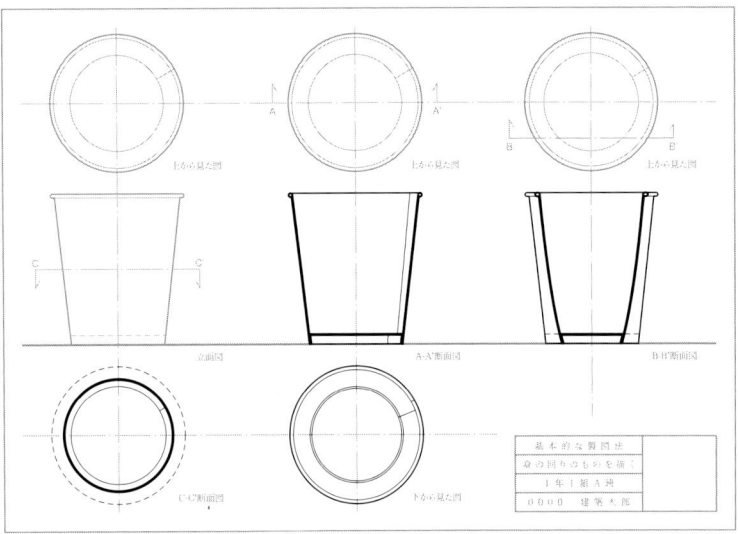

解答：立体図を描く（1/4 縮小）

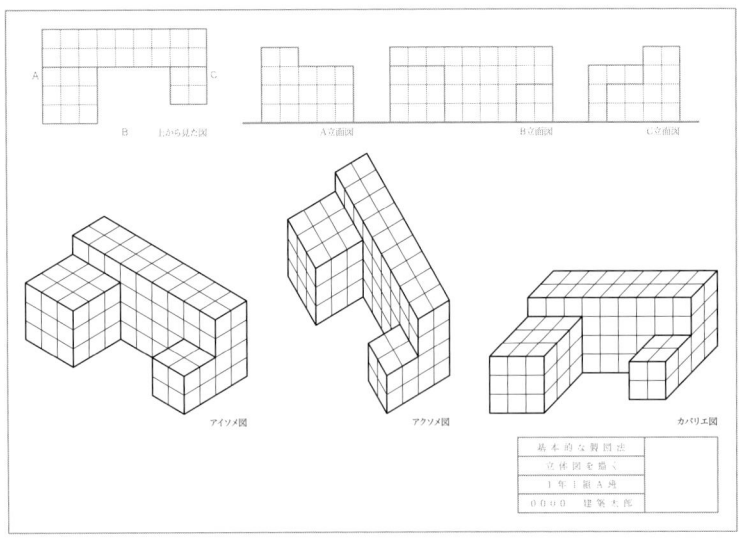

見る角度によって解答は異なる。また、アクソメ図、カバリエ図は、設定する角度によっても解答は異なる。

解答：透視図を描く（1/4 縮小）

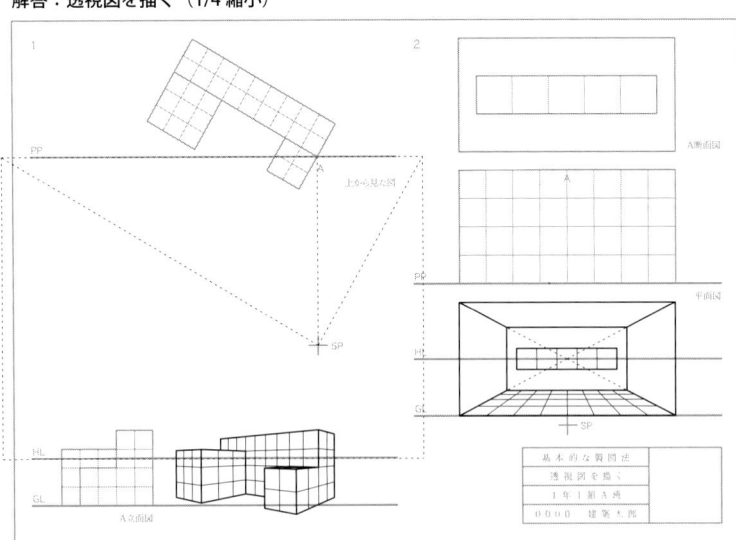

II 章

建築の表現

建築設計の中身を表現し、伝達するのに欠かせない「建築の言葉」、
平面図、断面図、立面図などの描き方を学びます。
都市の狭小敷地に建てられた住宅を題材として、
建築の正しい表現方法を学びます。

II-1 表示記号

I章で解説した一般的な図面表現に加え、建築物を表現するために、扉や階段などを表す記号が必要となります。これらによって、言葉を用いずに図面が表現する内容を他者に伝えることができます。ここでは、建築設計の際に用いられる最も基本的な表示記号について学びます。

通り芯
柱や壁などの構造体の位置を示すための基準線であり、固有の**通り芯番号**が付けられます。一般的には、垂直な線を**X通り**と呼び、左からX1、X2、X3……という順の番号が付けられ、水平な線を**Y通り**と呼び、下からY1、Y2、Y3……という順の番号が付けられます。図面を描く際にも、実際の施工の現場でも、通り芯を基準にして柱や壁などの位置が決められていきます。

階段
平面図において、階段の昇降方向を示す場合、矢印を上り方向に向けて描きます。最下段の先端部に丸印を描き、最上段の先端部に矢印を描きます。途中で水平に切断した部分には破断線を描き、そこまで矢印を描きます。スロープの昇降方向も同様に描き、勾配を数字で表記します。

方位
方位は、平面図と配置図に描き込まれ、図面の方角を表示するために用います。図面を描く際には、原則的に図面の上が北となるように配置します。**スケールバー**は、広域を示す配置図の縮尺を表示するために用います。また、縮尺を表記せずに、スケールバーを基準として建築物の大きさを示す場合があります。

等高線
敷地上の同じ高さを結んだ線により、地形の高低差を表現します。等高線の間隔が広い場合は緩やか、狭い場合は急な斜面を表します。等高線が表す高さの間隔は、図面の縮尺、敷地の大きさによって異なります。

構造・材料
平面図や断面図において、柱や壁の構造や材料の種類を表す記号は決められており、縮尺によって表現が異なります。

開口部
開閉方法や方向によって、平面図、立面図、断面図それぞれに用いる記号が決められており、縮尺によって表現が異なります。図は縮尺1/100、1/200の図面で用いられる表現です。

点景
家具や人、樹木、車などの点景を加えることにより、図面に描かれた建築物のスケールや活動を示すことができます。特にプレゼンテーション用の図面を作成する際に描かれます（p.52参照）。縮尺によって多様な表現があり、ここではその一例を示します。

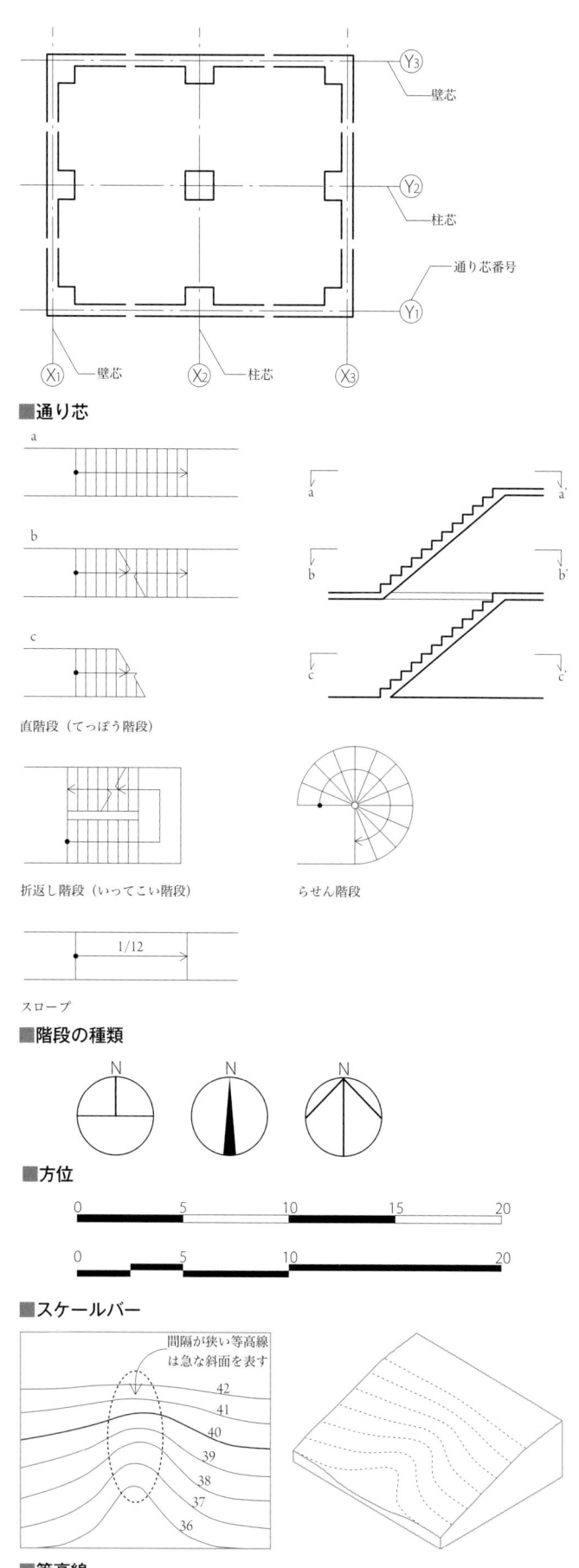

■通り芯

直階段（てっぽう階段）

折返し階段（いってこい階段）　らせん階段

スロープ

■階段の種類

■方位

■スケールバー

■等高線

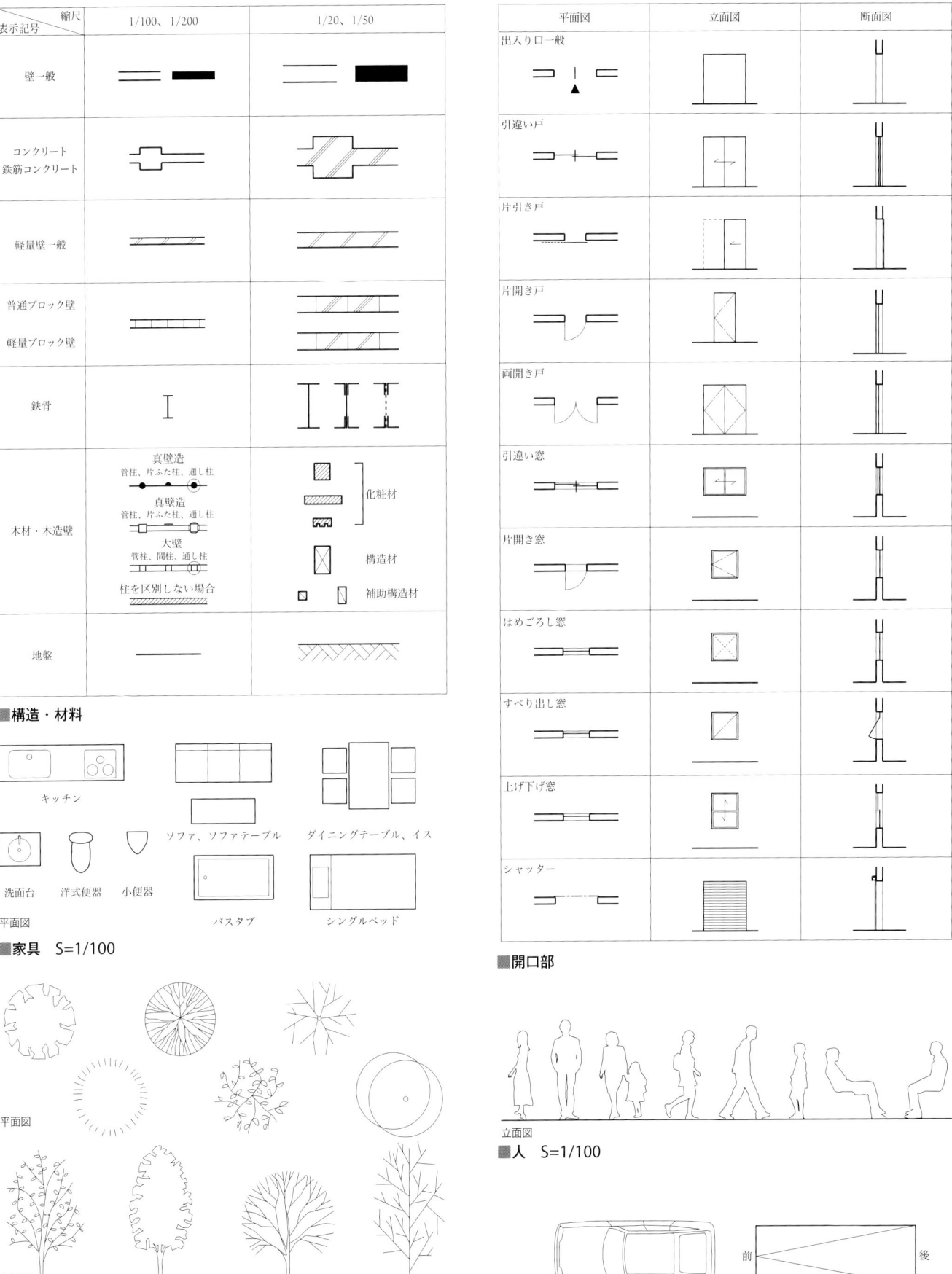

II-2 平面図の描き方

平面図は、建築物の各階における部屋の広さやそのつながりを表すもので、図面の中で最も重要な役割を果たします。建築図面を描く場合にも、I章で学んだ線の種類や寸法表記などの基本的なルールを用います。

平面図 建築設計における平面図は、建築物を床面から1.5 m程度の高さで水平に切断し、真上から見下ろした切断面の図です。2階建ての建築物の場合、1階平面図は、1階床面から1.5 m程度の高さで水平に切断した切断面の図、2階平面図は、2階床面から1.5 m程度の高さで水平に切断した切断面の図となります。切断した面を断面線、その下側に見えてくるものを見え掛かり線、外側から見える建築物の輪郭を外形線によって表現します。また、階段や勾配の付いた屋根面など、上下階にまたがる部分については、水平に切断した部分を破断線によって表現します。切断面を最も太く描くことで、建築物の構造体を表し、内部と外部をはっきりと表現します。切断面を塗りつぶすことにより、柱や壁を強調する方法もあります。

平面図では、床面から1.5 m程度の高さで切断するのが基本的なルールですが、その建築物の内部空間の性能（採光、通気、大きさ、動線など）を正しく表現することが目的であることから、切断面の上下に位置しているために描かれない窓などの開口部についても表現する場合があります。よりわかりやすく内部空間を表現することを念頭に置いて、ルールだけにとらわれずに必要に応じた表現を行うことが重要です。

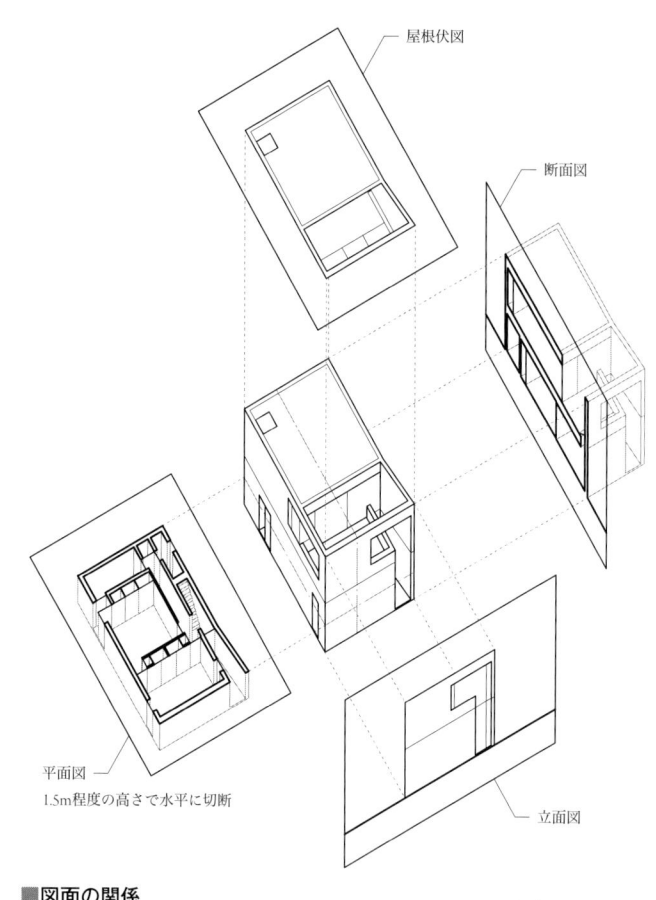

■図面の関係

■描き方の手順

[1] 柱や壁の位置を示す通り芯となる基準線を描き、通り芯番号、寸法線、寸法を記入する。次に、通り芯を基準として、切断面となる柱の大きさ、壁の厚さ、開口部の位置を補助線で描く。補助線はできるだけ薄く描き、完成後は消さなくともよいが、清書の前に不要な補助線を消しておくときれいに仕上がる。

平面図の描き方

原則的に図面の上が北となるように、通り芯、寸法線を含めた図面の大きさを想定しながら、用紙上に描く位置を定めます。寸法は、主に柱や壁などの構造体の位置を示します。はじめに通り芯を描き、補助線を用いながら構造体を描き、次に細部を描き進めます。断面図と組み合わせて描く場合、切断位置を示す切断線を描きます（p.32 参照）。

また、複数階の平面図をトレーシングペーパーを用いて作図する場合には、異なる階の平面図を下敷きにすることで、より簡単に正確な作図を行うことが可能です。1つの建築物において、すべての階で通り芯の位置は一致するので、通り芯を基準にして各階の平面図を描いていきます。

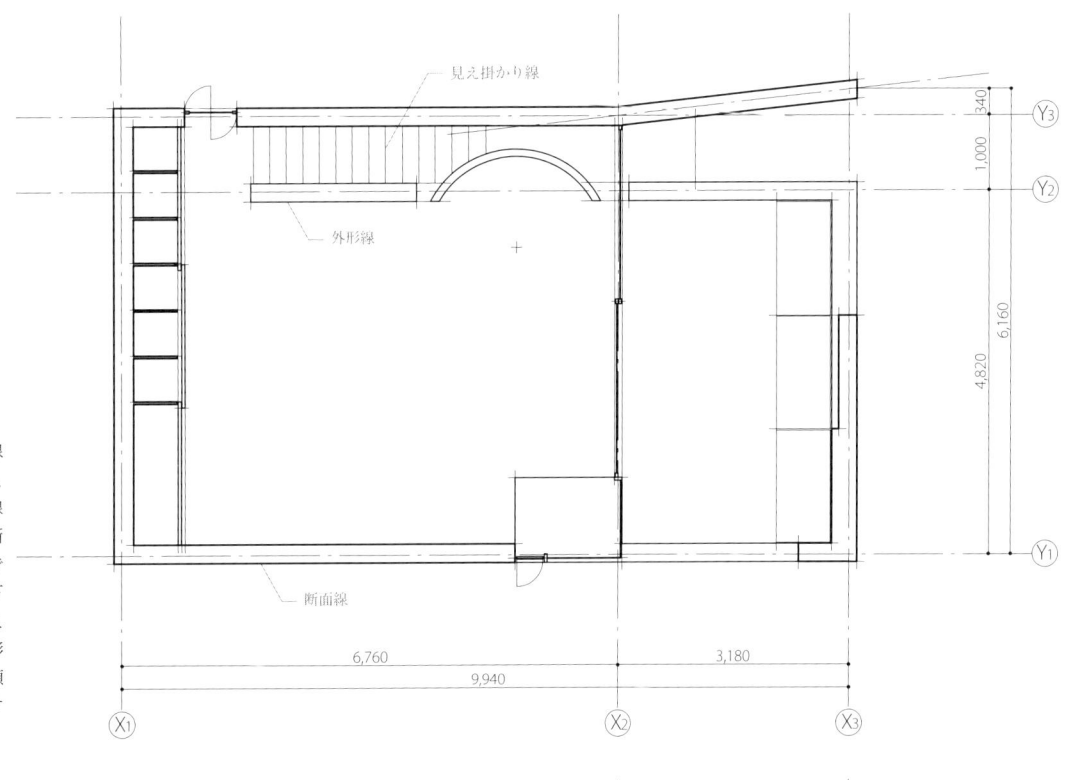

[2] 通り芯を基準に描いた補助線を下描きとし、柱や壁などの構造体、間仕切り壁、窓ガラスなどを断面線で描く。扉、窓枠などの建具は、断面線より細い中線で描くと細部まで表現できる。次に、階段、建具の下枠などの下に見えてくるものを見え掛かり線、手摺壁などの輪郭を外形線で描く。そして、建具や扉の種類に応じた開口部の表示記号を記入する。

[3] 衛生機器、流し台など建築物に固定された設備や造付け家具、床のタイル目地などの細部を見え掛かり線、冷蔵庫、洗濯機、移動家具などを想像線、軒や庇など上部にあるものの位置を隠れ線で描く。最後に、階段の表示記号、室名、方位、図面タイトル、縮尺などを記入する。

2階平面図　S=1/100

平面図の事例

平面図は、最も基本的な建築図面だが、その表現方法はさまざまである。
表現すべき建築物の特徴を明確に伝える表現方法を選択することが重要である。

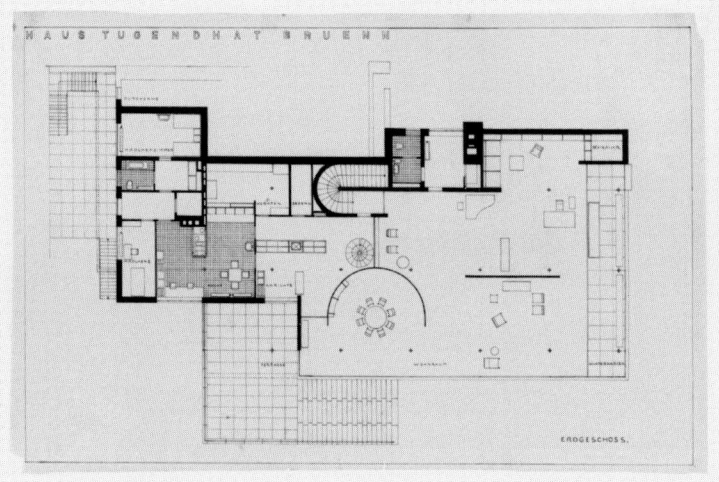

トゥーゲントハット邸
ミース・ファン・デル・ローエ／1930

傾斜地に建つ2階建の住宅。中心となる居室は、十字形断面の柱で支えられ、床から天井までの大きなガラス開口をもち、豊かな自然を臨むことができる。左図は1階の平面図。柱と壁を塗りつぶすことで、断面部分を明確に表現している。

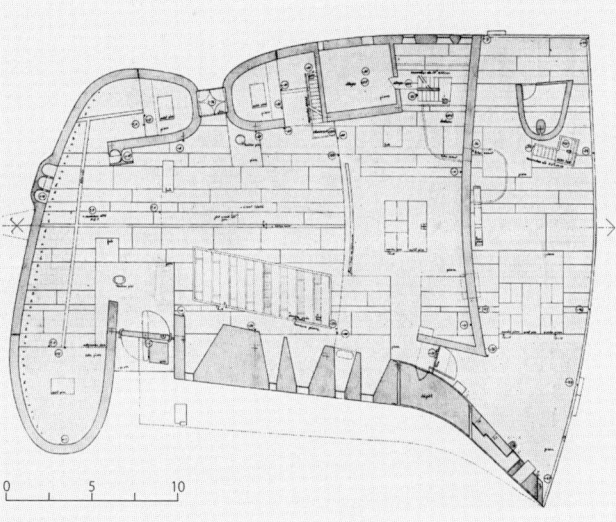

ロンシャンの教会
ル・コルビュジエ／1955

めくれ上がる大屋根と垂直にそびえる塔による彫刻的な外形。厚い壁を穿つ四角錐状の開口部には、ステンドグラスを通した色とりどりの光が溢れる。平面図では、厚みをもった曲面による壁面の表現が特徴的。床のパターンも詳細に描かれている。

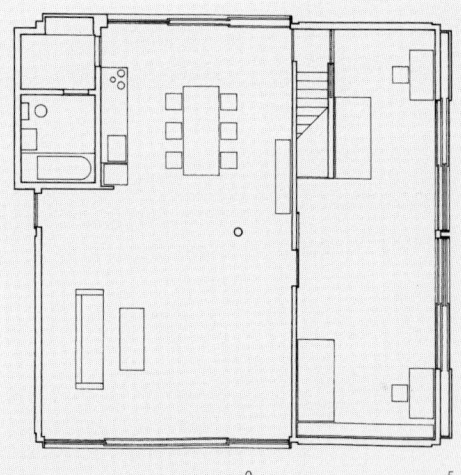

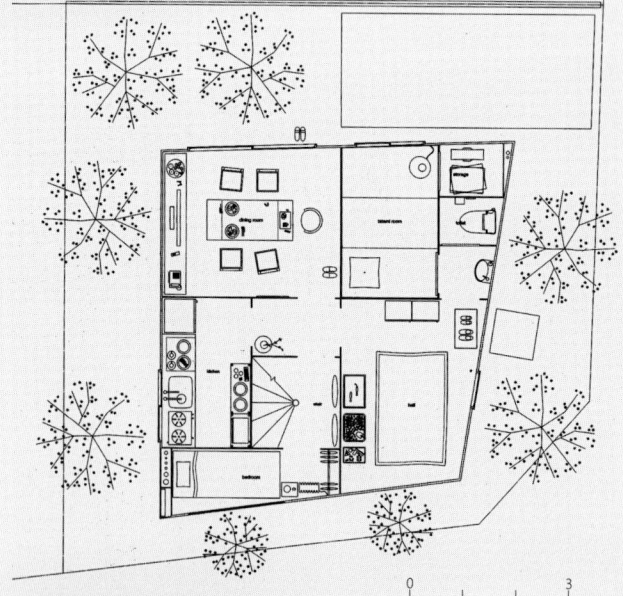

白の家
篠原一男／1966

正方形平面の中心に方形屋根を支える柱が立つ。部屋を分ける間仕切り壁が中心からずれているため、柱が広間に現れ、建物の象徴的な表現となっている。幾何学的に構成された建築空間の抽象性を表現するため、平面図では必要な線が慎重に選ばれて簡略化されている。

梅林の家
妹島和世／2003

厚さ16mmの鉄板でつくられた厚みのない壁が抽象的な印象を与え、非日常的な空間をつくり出している。テレビや鉢植え、テーブルの上の料理まで、具体的な生活がていねいに描き込まれ表現されている。

課題｜平面図を描く

「駒沢の住宅」の1階平面図、2階平面図を、見本の図面（p.88,89）を参考にして、縮尺1/50で描き写しなさい。

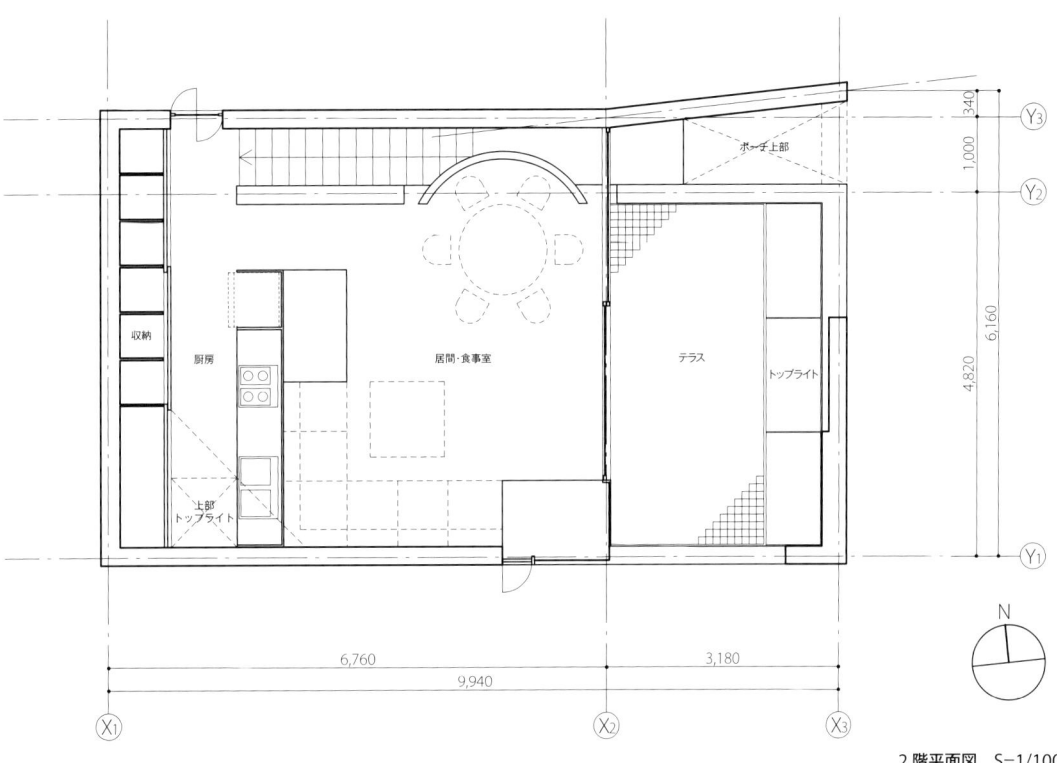

2階平面図　S=1/100

1階平面図　S=1/100

II-3 断面図の描き方

断面図は、建築物の特徴をよく表す部分（開口部、吹抜け、中庭など）を垂直な面で切断し、水平方向から見た切断面の図です。建築物と地盤面との関係、高さ方向の基準寸法などを表します。

断面図

切断した面を断面線、その奥に見えてくるものを見え掛かり線、外側から見える輪郭を外形線によって表現します。断面図でも、切断面を最も太く描くことで、建築物の構造体を表し、内部と外部をはっきりと表現します。奥に見える見え掛かり線は、表現上で必要なもの以外は特に描きません。また、平面図と同様に、切断面を塗りつぶす表現を用いる場合があります。

断面図では、高さを表現することが重要です。**地盤面**（GL：Ground Level）、各階の**床の高さ**（FL：Floor Level）、**軒の高さ**、**屋根面の高さ**（RFL：Roof Floor Level）、**最高高さ**など、高さに関する基準線の表現、寸法表記などが必要です。また、内部空間の高さを示す**天井高さ**（CH：Ceiling Height）も寸法表記し、同時に床と屋根の厚さも表します。

切断線

切断位置は、建築物の内部空間を正しく表現することができる位置・方向に設定することが重要です。平面図だけでは関係を表すことができない、開口部、吹抜け、中庭などが表現できるように切断位置を設定します。

切断位置を図示するために平面図上に切断線を記入し、両端に記号を書くことで、切断面を見る方向を明らかにします。基本的に切断線は一直線で設定しますが、表現したい空間が一直線上にない場合、切断線を折り曲げ、断面図を描く場合があります。また、柱のある建築物の場合、柱の上に切断位置を設定してはいけません。壁についても同様に、壁の上に沿って切断位置を設定してはいけません。

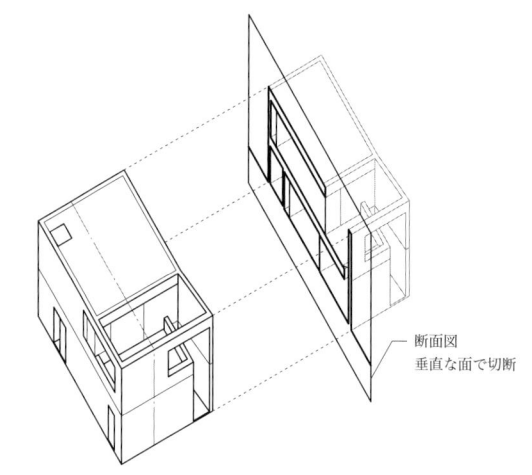

■断面図の関係

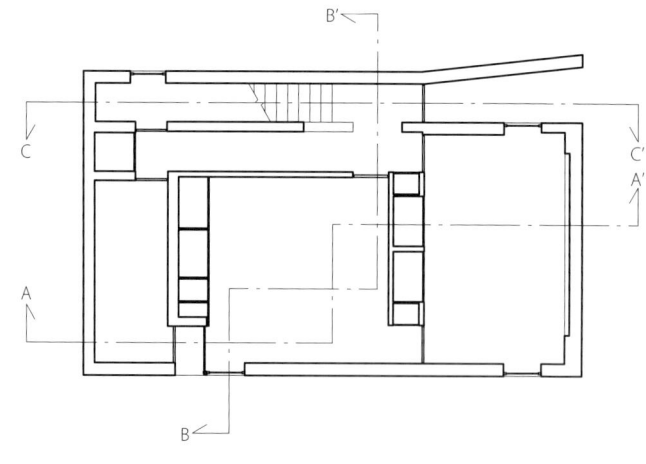

■切断線の描き方

■描き方の手順

[1] 通り芯となる基準線を描き、通り芯番号、寸法線、寸法を記入する。次に、地盤面、各階の床の高さ、軒の高さ、屋根面の高さ、最高高さなどの基準となる高さを補助線で描く。そして、通り芯を基準として、切断面、開口部の位置を補助線で描く。

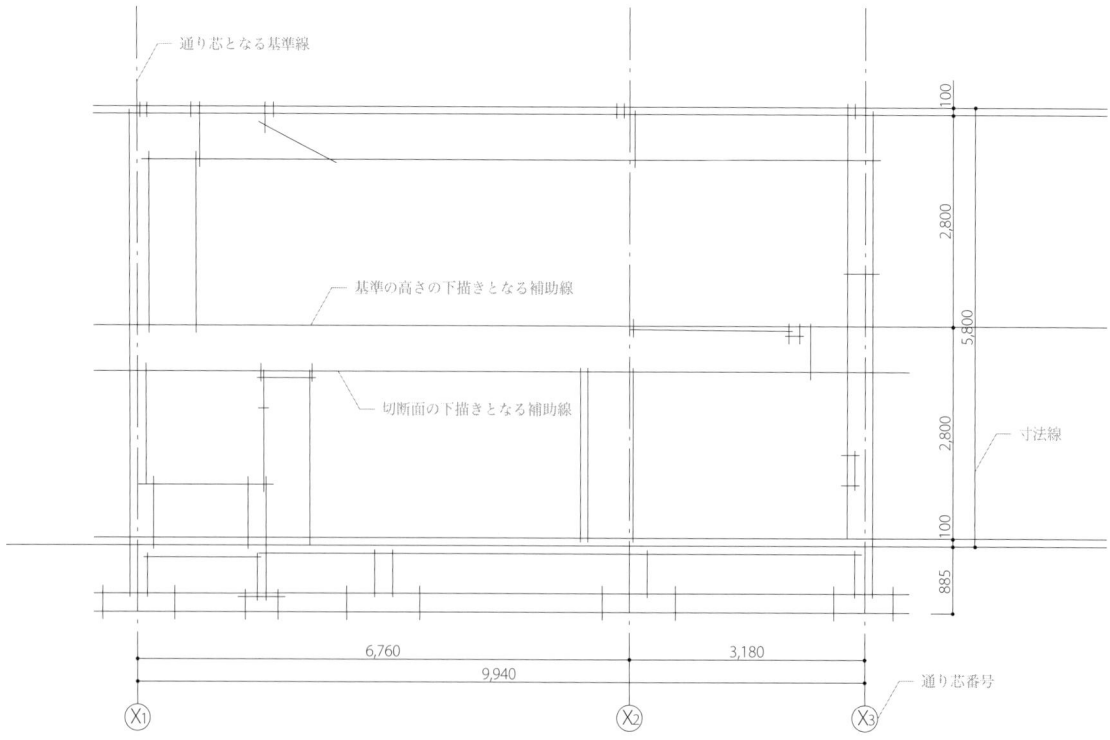

断面図の描き方

平面図と同じ要領で用紙上に描く位置を定めます。寸法や描く手順も同様です。断面図では、人や家具といった点景を図面に描き込むと、スケール感が出て空間をイメージしやすくなります。トレーシングペーパーを用いて作図する場合には、切断位置を示した平面図を下敷きとすることで、より簡単に正確な作図を行うことが可能です。

[2] 補助線を下描きとし、壁や床、屋根、基礎といった構造体、天井、窓ガラス、造付け家具などを断面図で描く。次に、GLを描く。そして、建具や扉の種類に応じた開口部の表示記号を記入する。

[3] 切断面の奥に見える建具や家具などを見え掛かり線で描く。最後に、室名、基準となる高さの寸法、天井高さ、図面タイトル、縮尺などを記入する。

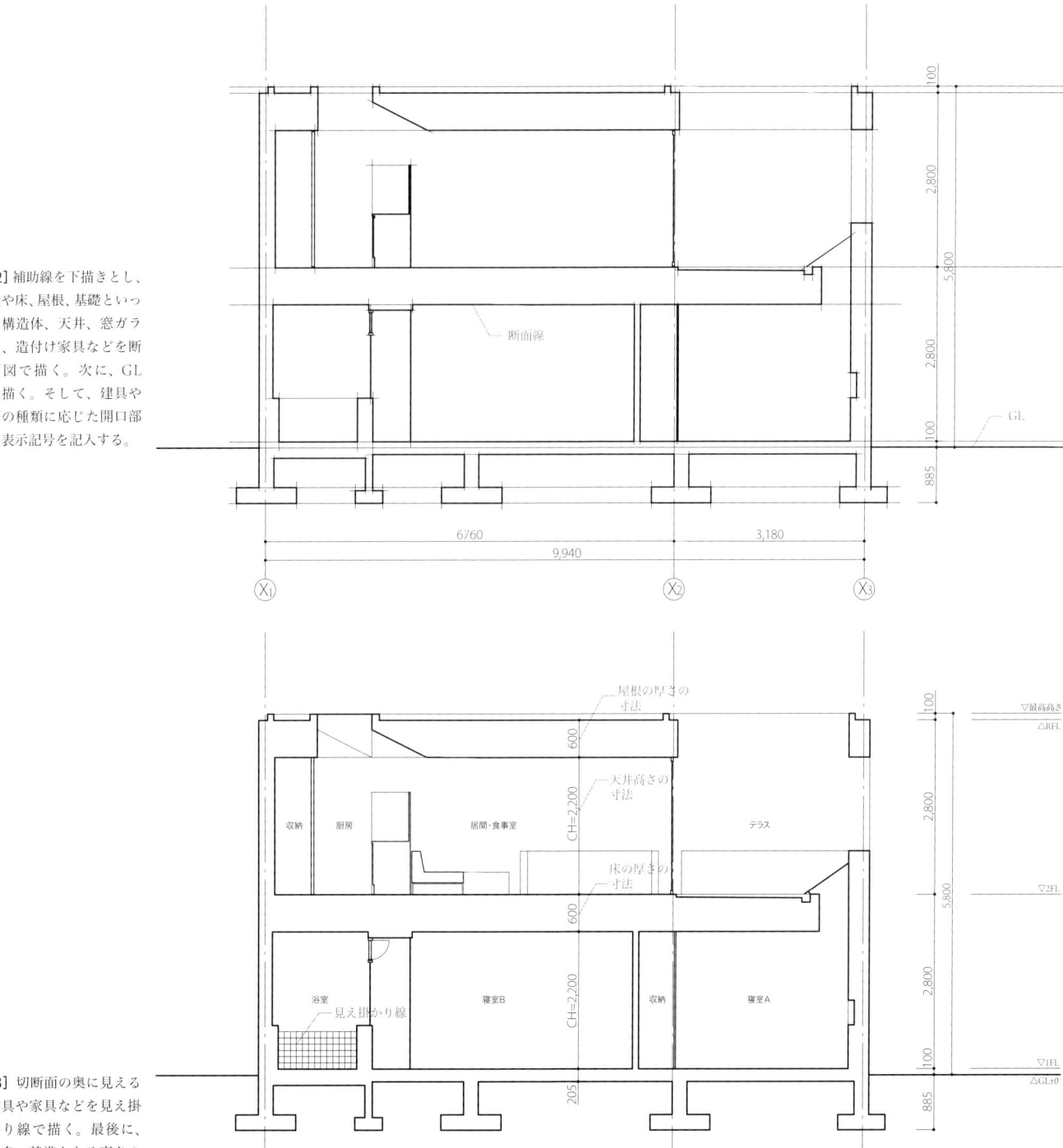

AA' 断面図　S=1/100

断面図の事例

断面図は、特徴的な内部空間を表現する位置を切断して描くことで、建築物全体の構成を表現する。人や樹木を加えることで建築物のスケールや活動を示すこともできる。

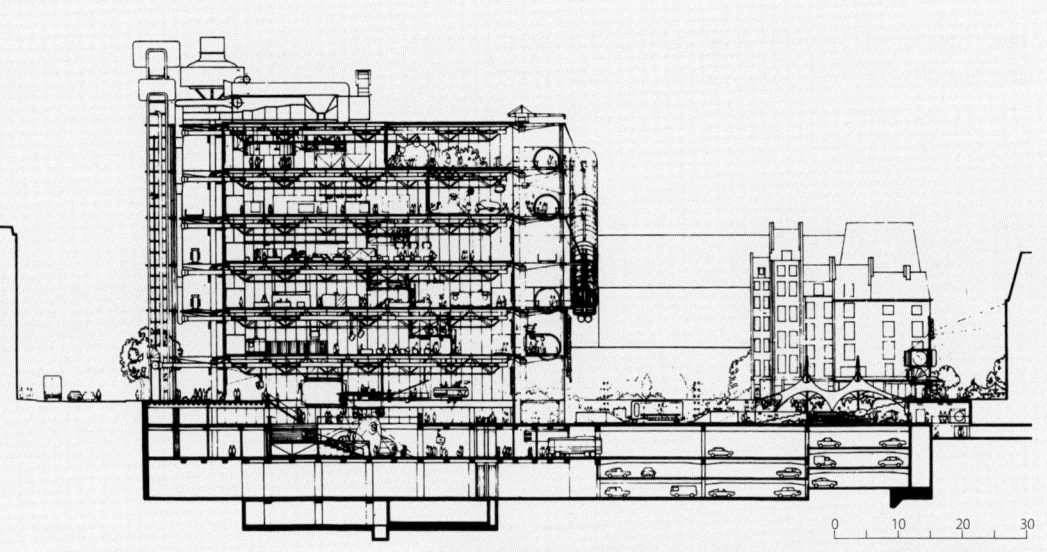

ポンピドゥー・センター
ピアノ＋ロジャース／1977
パリにある複合文化施設。無柱空間を挟み込む構造体フレームに設備や動線などが収められ、それらが露出して建物の外観デザインとなっている。建物内部から前面の広場へと連続する関係を示す短手断面図。人々の活動や建物を取り巻く環境が描き込まれている。

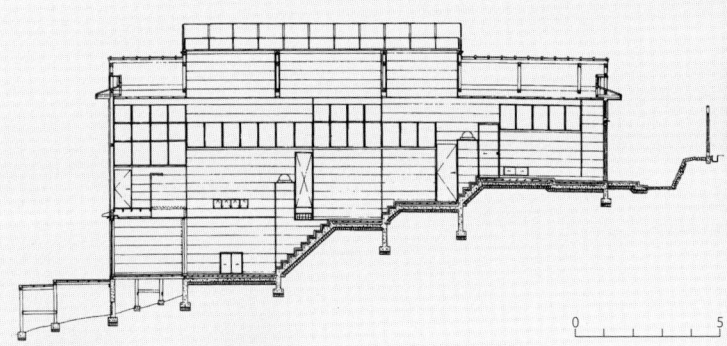

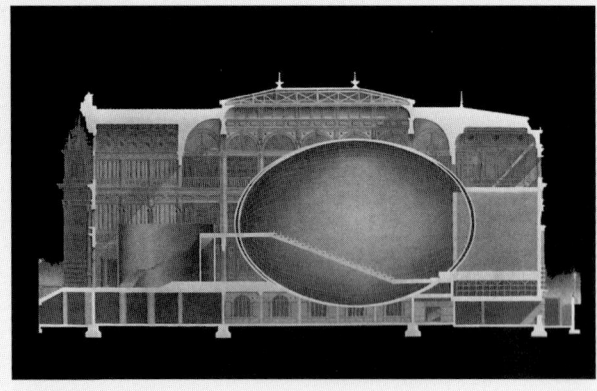

原邸
原広司／1974
建築家の自邸。建物を縦断する階段の両側に部屋が並び、道を挟んで建物が建つような都市的な空間をつくり出している。傾斜地に建てられた住宅の吹抜けと地形との関係が表現された長手断面図。

中之島プロジェクトⅡ
安藤忠雄／1988
大阪・中之島にある中央公会堂のホール部分に、卵形のホールを内包させる計画。新旧の空間の対比による歴史的建造物の保存活用。陰影を付けることで立体感を表現している。

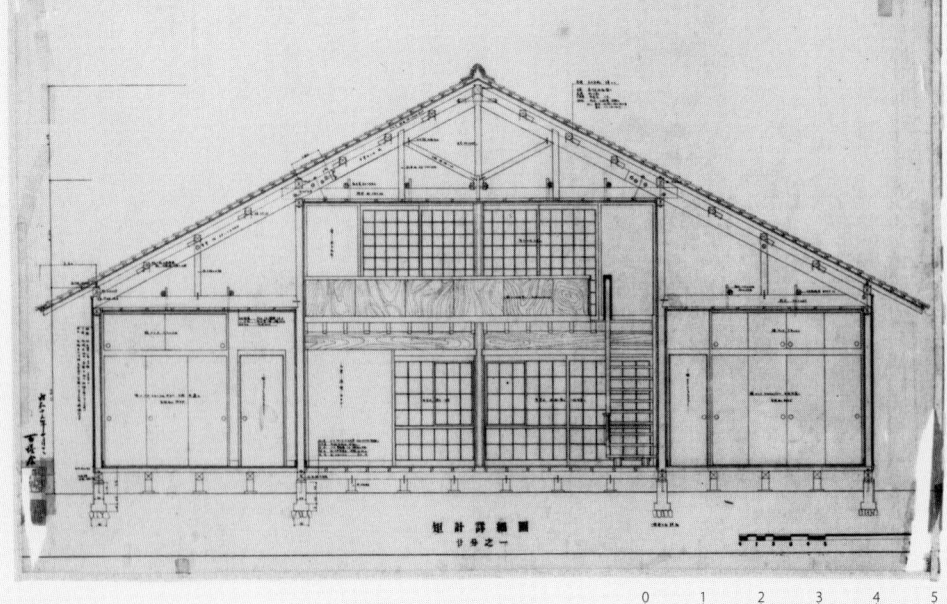

前川邸
前川國男／1942
吹抜けをもつ居間とその両側の個室が、大きな切妻屋根に収められた建築家の自邸。木造の小屋裏や床下などの詳細が描き込まれている。

課題 | 断面図を描く

「駒沢の住宅」の長手断面図、短手断面図を、見本の図面（p.90,91）を参考にして、縮尺1/50で描き写しなさい。切断位置は、p.32の切断線を参照すること。

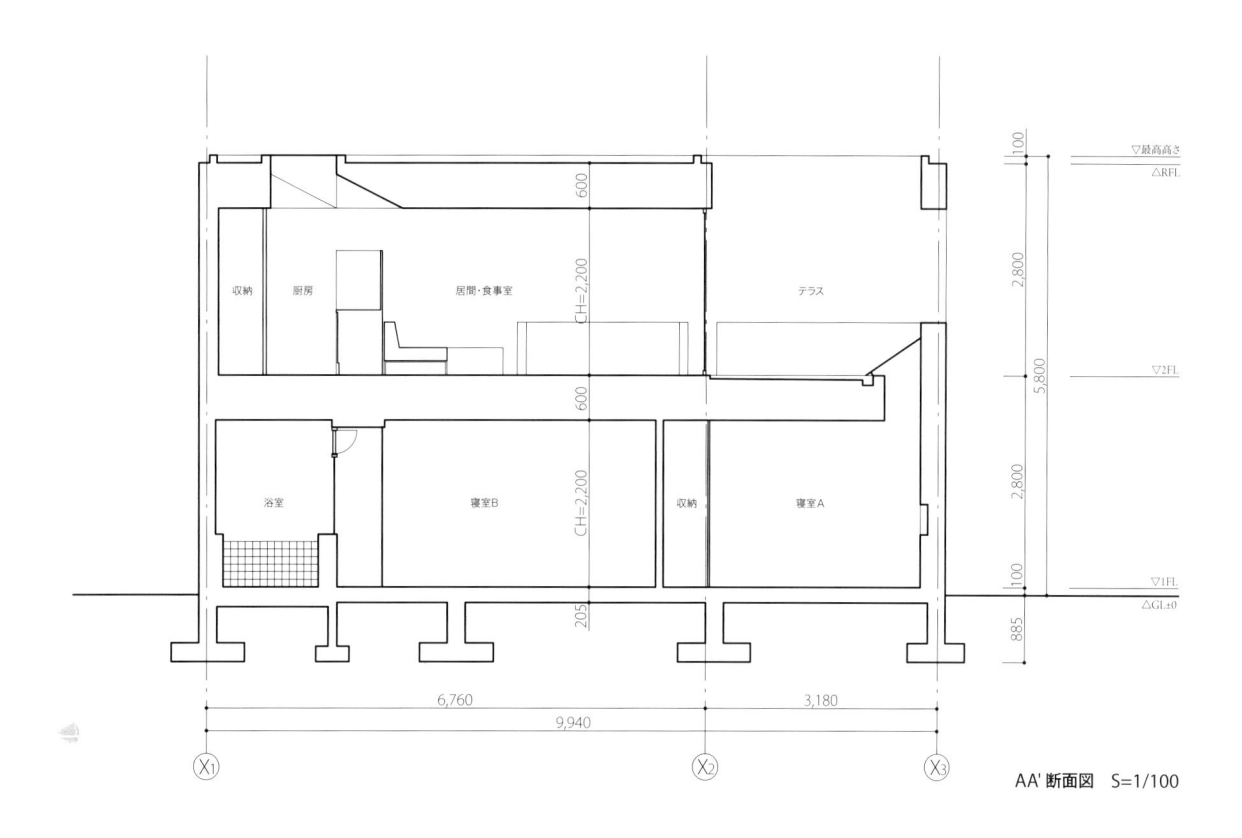

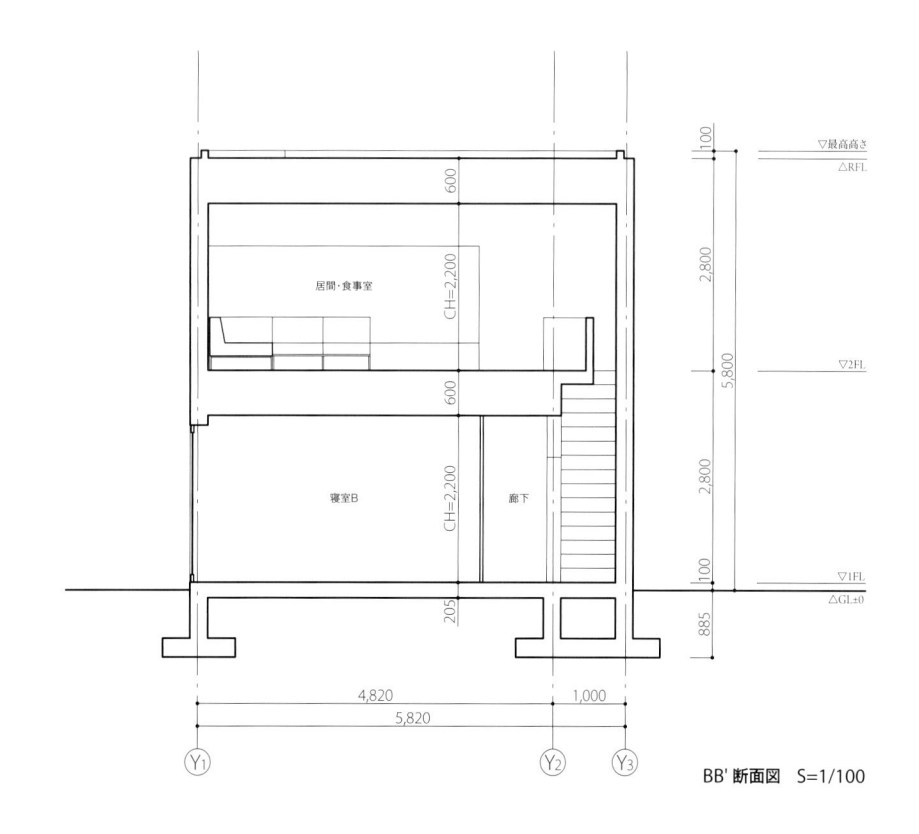

AA'断面図　S=1/100

BB'断面図　S=1/100

II　建築の表現

II-4 立面図の描き方

立面図は、建築物の外観を表した図面で、建築物を真横から見た正投影法で描かれます。基本的に東西南北の4面を描き、高さ、仕上げ材、道路や隣地との関係などを表現します。また、外観のイメージを伝えるために、着色したり、陰影を付けたり、点景として人や樹木を記入することもあります。

立面図の描き方

建築物の外側から見える輪郭を外形線、それ以外に見えるものを見え掛かり線によって表現します。平面図や断面図と同じ要領で用紙上に描く位置を定めます。寸法や描く手順も同様です。点景を図面に描き込むとスケール感が出ます。トレーシングペーパーを用いて作図する場合には、平面図や断面図を下敷きとすることで、より簡単に正確な作図を行うことができます。

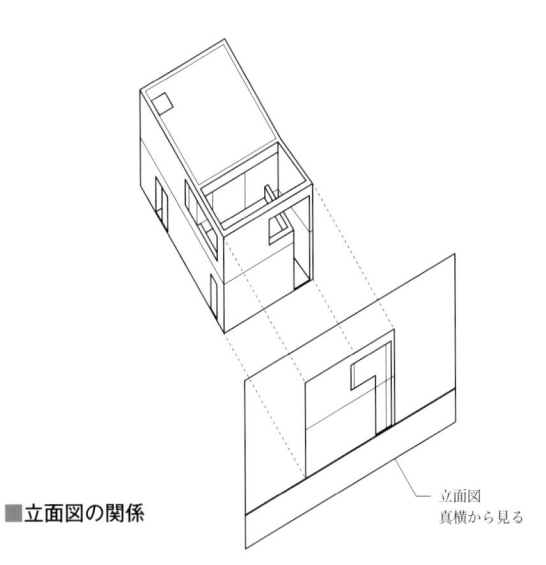

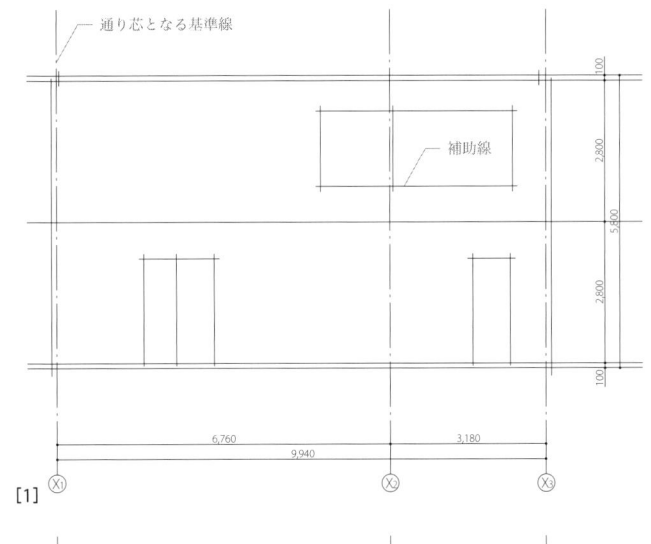

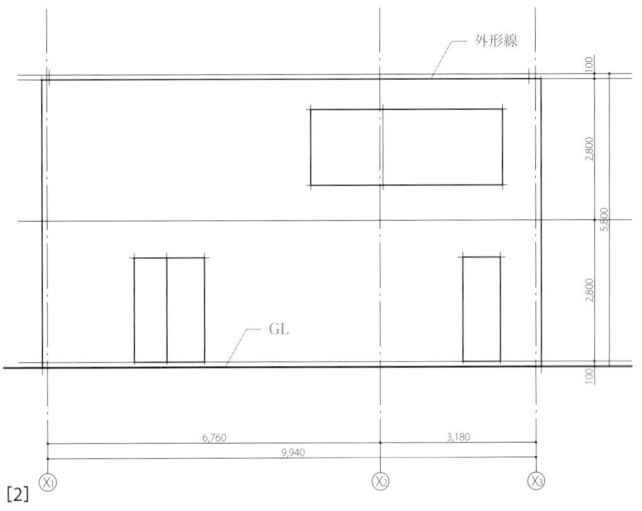

■ **立面図の関係**

■ **描き方の手順**

[1] 通り芯となる基準線を描き、通り芯番号、寸法線、寸法を記入する。次に、地盤面、各階の床の高さ、軒の高さ、屋根面の高さ、最高高さなどの基準となる高さを補助線で描く。そして、通り芯を基準として、柱の大きさ、壁の厚さ、開口部などを補助線で描く。

[2] 補助線を下描きとし、屋根や外壁など建築物の輪郭を外形線で描く。次に、GLを描く。

[3] 窓枠、壁の目地などの細部を見え掛かり線で描く。次に、建具や扉の種類に応じた開口部の表示記号を記入する。最後に、基準となる高さの寸法、図面タイトル、縮尺などを記入する。

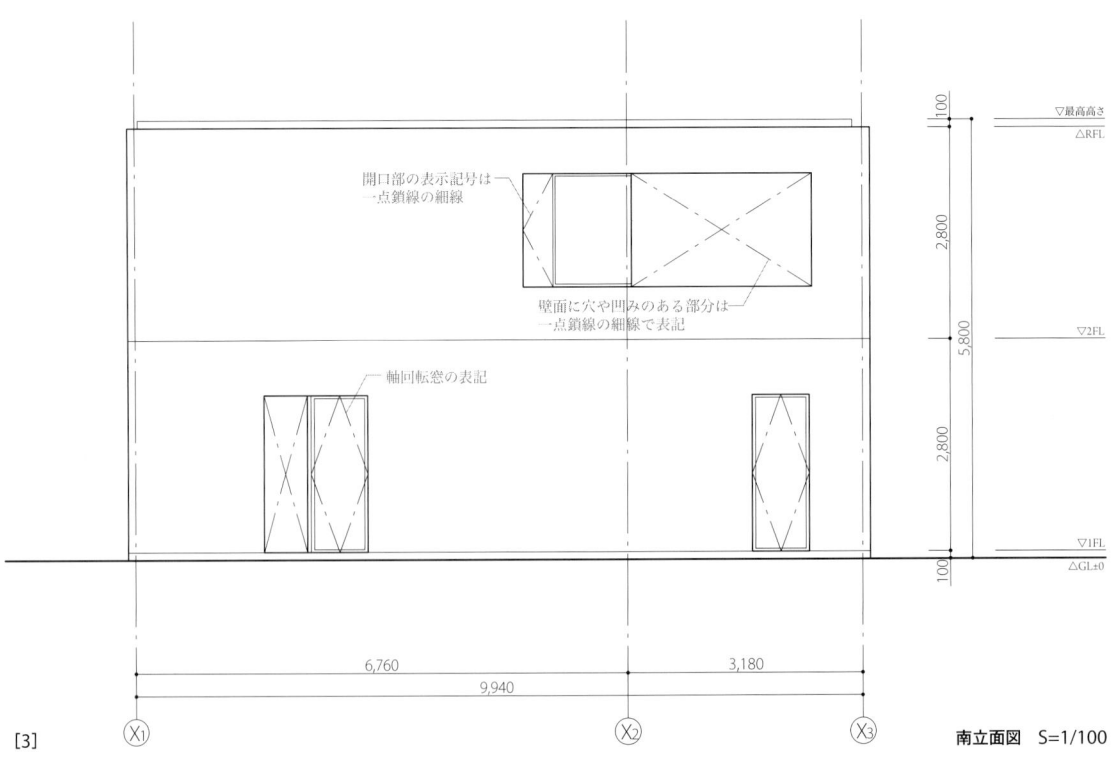

南立面図 S=1/100

課題 | 立面図を描く

「駒沢の住宅」の南立面図、東立面図を、見本の図面（p.92,93）を参考にして、縮尺1/50で描き写しなさい。

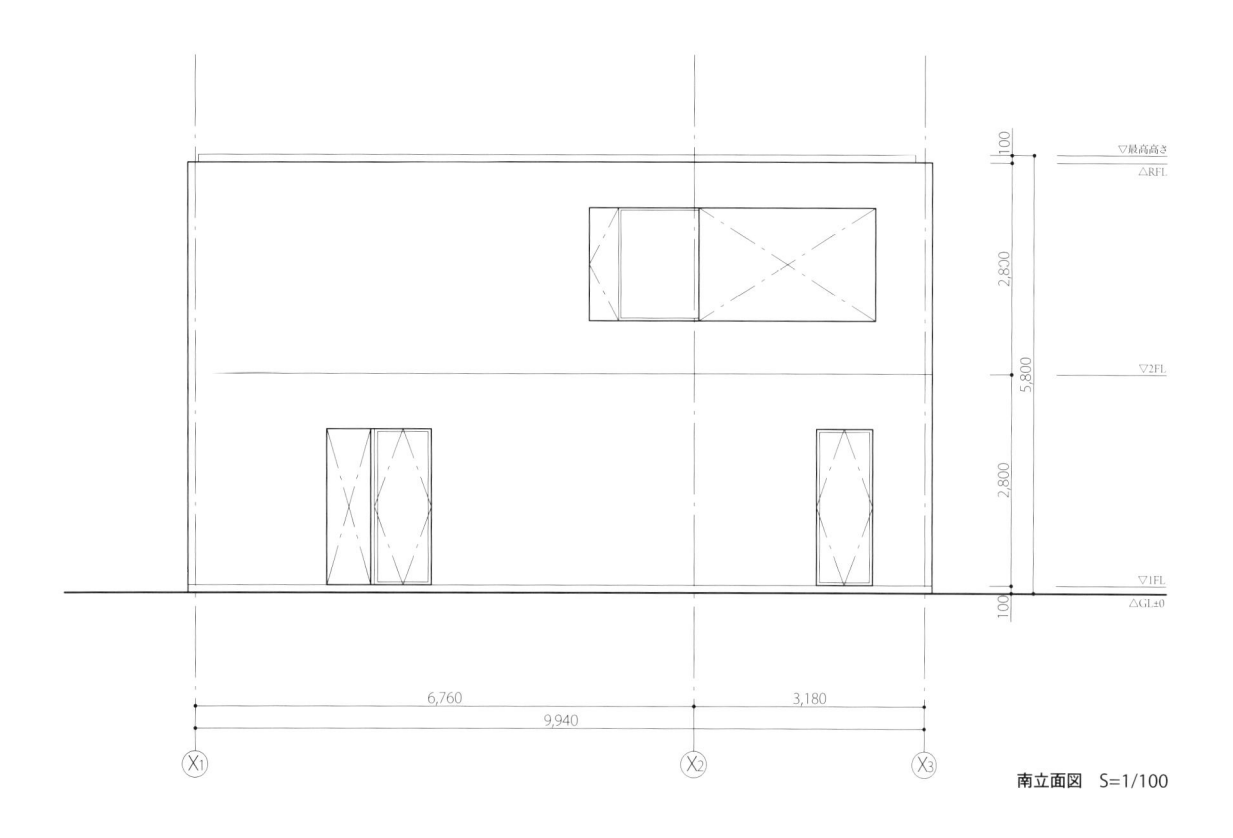

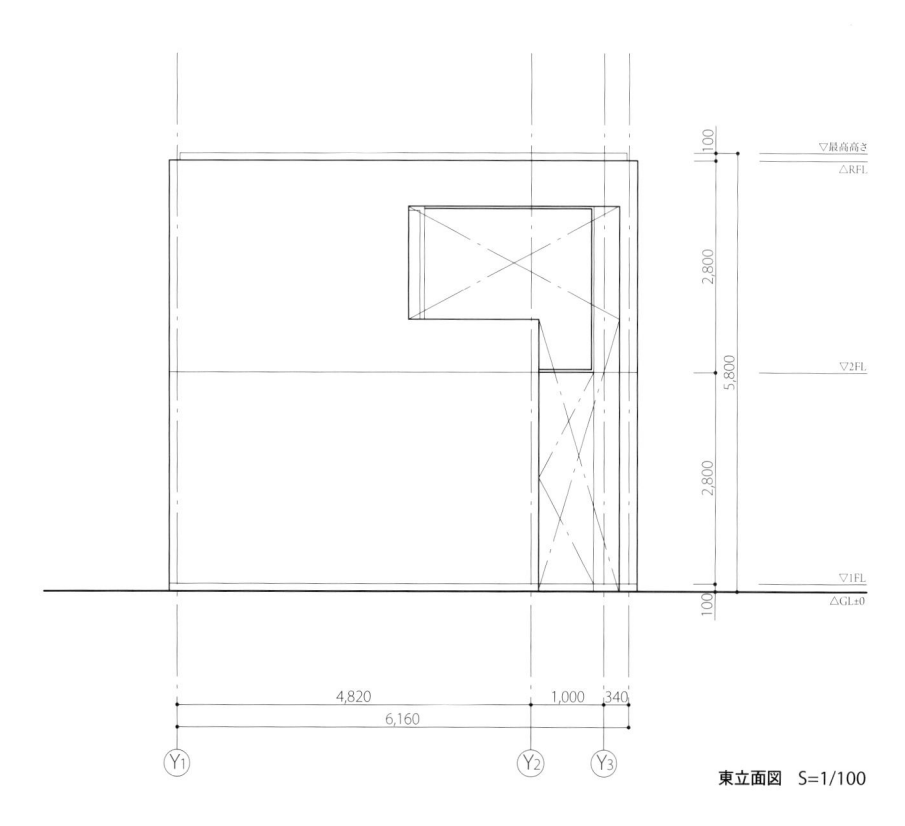

南立面図　S=1/100

東立面図　S=1/100

II　建築の表現

立面図の事例

立面図は、陰影を付けて写実的に描いたものから、形態のみをグラフィカルに示すものまで表現方法はさまざまである。

ガルシュの家
ル・コルビュジエ／1927

黄金比や整数比によるリズムで立面のデザインが決定されており、その関係を示した立面図。窓や窪んだ部分の色を変えることで、立面構成を効果的に表現している。

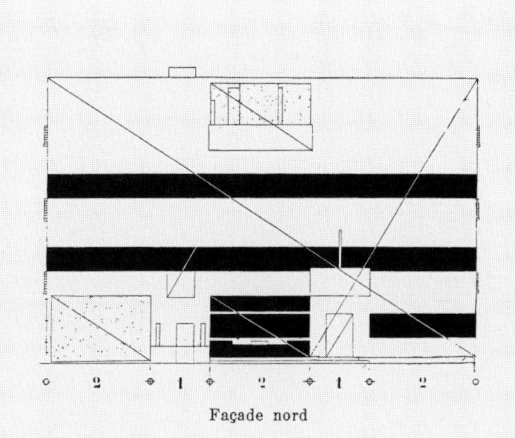

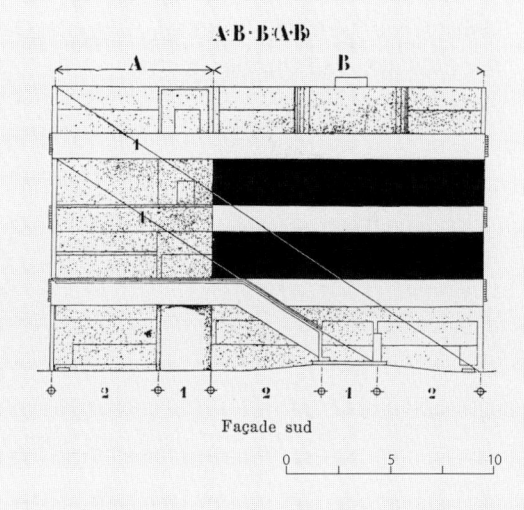

軽井沢の山荘
吉村順三／1962

片流れ屋根による木造の2階部分が、RC造の跳ね出した床に載せられた建築家自身の山荘。仕上げ材を緻密に描き込み、ハッチングによる陰影を付けることで立体感を表している。手前の建物を濃く、背景の木々を薄く描くことで遠近感を表現している。

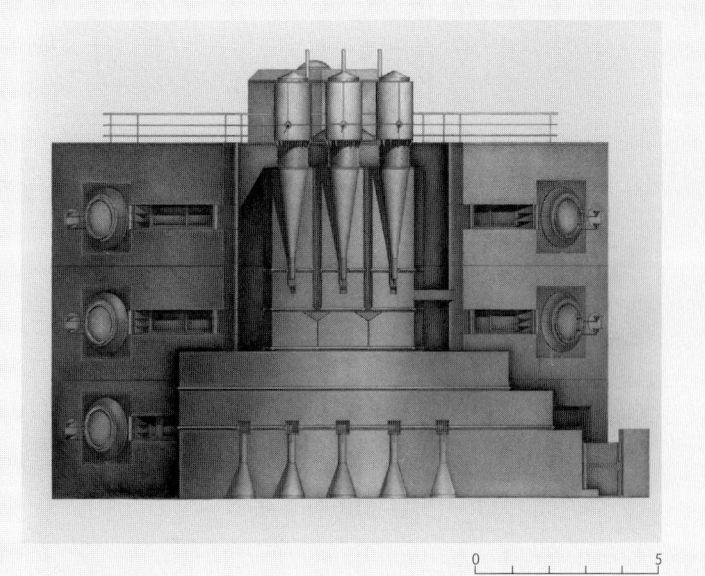

ファラオ
高松伸／1984

角地に建つ歯科医院兼住宅。騒音や事故から生活空間を守るという要望から、要塞のようなデザインが導き出された。鉛筆により緻密に描き込むことで、素材の質感を表現している。

カルティエ現代美術財団
ジャン・ヌーベル／1994

パリに建つ現代美術ギャラリーを含む財団ビル。立面図では、ガラス張りの軽快な建物と道路に面するガラスのスクリーンに、周囲の木々や空が映り込み、建物の実体が曖昧になるイメージを描いている。

II　建築の表現

II-5 配置図の描き方

配置図は、敷地内における建築物の位置、方位、外構、道路や隣地といった、建築物とそれを取り巻く環境との関係を示す図面です。配置図にはいくつかの表現方法があり、伝えたい情報に適した表現を行います。

配置図の描き方

前面道路、敷地、建築物の形状、地面の高さなどを描き、次に、敷地の各辺の距離、道路境界、隣地境界から建築物までの距離を記入します。敷地境界線、隣地境界線は原則的に一点鎖線で描きます。植栽、テラス、ポーチ、フェンスなどの外構（p.85参照）を描き、最後に、方位、図面タイトル、縮尺などを記入します。

配置図の種類

表現する情報によって、配置図の描き方は異なります。
配置図と屋根伏図（p.40参照）を併せて描く方法では、敷地の上空から見るように、建築物や外構を写実的に表現します。配置図と1階平面図を併せて描く方法では、各室と庭、道路など建築物内外の関係をわかりやすく表現することができます。建築物を輪郭の線とハッチングなどで描く方法は、実施図面や広域の配置図に用いられます。
下図の「駒沢の住宅」配置図では、屋根伏図を併せて描いています。

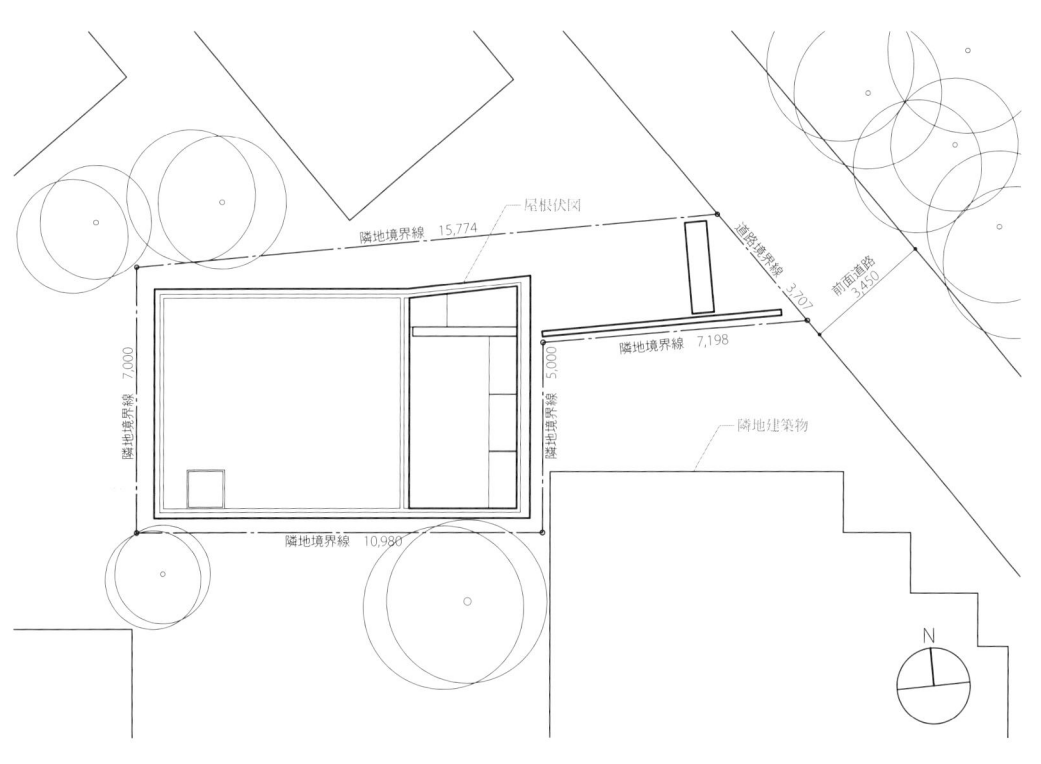

■配置図 S=1/200

配置図の事例

配置図は、建築物の位置を示す単純なものから、周辺の環境を詳細に描くものまで表現方法はさまざまである。

落水荘
フランク・ロイド・ライト／1936
小川の上につくられた住宅。配置図兼平面図とすることで、木々や岩、小川などの周辺の自然環境と、建物内部の空間との関係が表現されている。

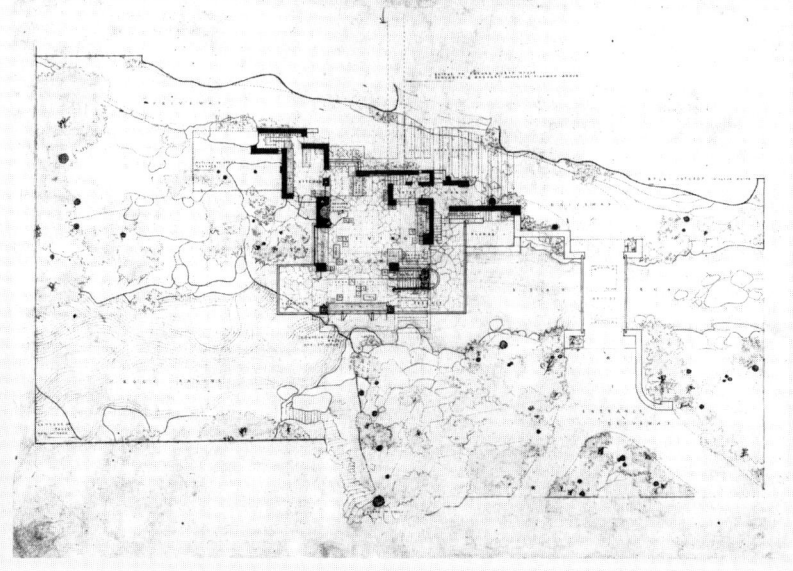

II-6　設計図面の種類

建築物の設計図面では、一般図と呼ばれる配置図、平面図、立面図、断面図などの基本図面の他に、仕様書、面積表、仕上げ表、案内図、矩計図、詳細図、展開図、天井伏図、屋根伏図、建具表、原寸図などが描かれます。これらの意匠図面の他に、構造図面、設備図面が必要となります。

矩計図（かなばかりず）｜実際に建築物をつくる場合に基準となる重要な図面です。断面図の詳細を表したもので、建築物の各部分の高さ、建築材料の種類、断面寸法を示します。特に建築物の骨格となる主体構造、仕上げを行うための下地構造、仕上げ材の位置関係と標準的な納まりを理解するための図面です。

下図は、「駒沢の住宅」のテラス付近の矩計図です。このように通り芯の周辺を描き、その他を省略するのが一般的な描き方です。

展開図｜室内から四方の壁面を見た図面です。各部屋の天井高さ、仕上げ材、開口部や造付け家具の位置などを表します。床、壁、天井の切断面と開口部や家具などの見え掛かりを表現し、室内の意匠を伝えるために必要です。

下図は、「駒沢の住宅」の寝室Bの展開図です。断面図では省略していた見え掛かり図を詳細に表現します。

天井伏図（てんじょうぶせず）｜部屋の天井の形状や仕上げ材、照明設備など、平面図に表されない情報を示す図面です。床の上に鏡を置き、鏡に映った天井をイメージして描くので、実際に天井を見上げた図を反転させたものとなります。そのため、通り芯は平面図と同じ位置になります。

下図は、「駒沢の住宅」の1階天井伏図です。

屋根伏図（やねぶせず）｜建築物を真上から見下ろし、屋根の形状、仕上げ材、勾配の方向、雨樋などの位置を表現する図面です。パラペットやトップライトも描きます。配置図と組み合わせて用いることもあります。

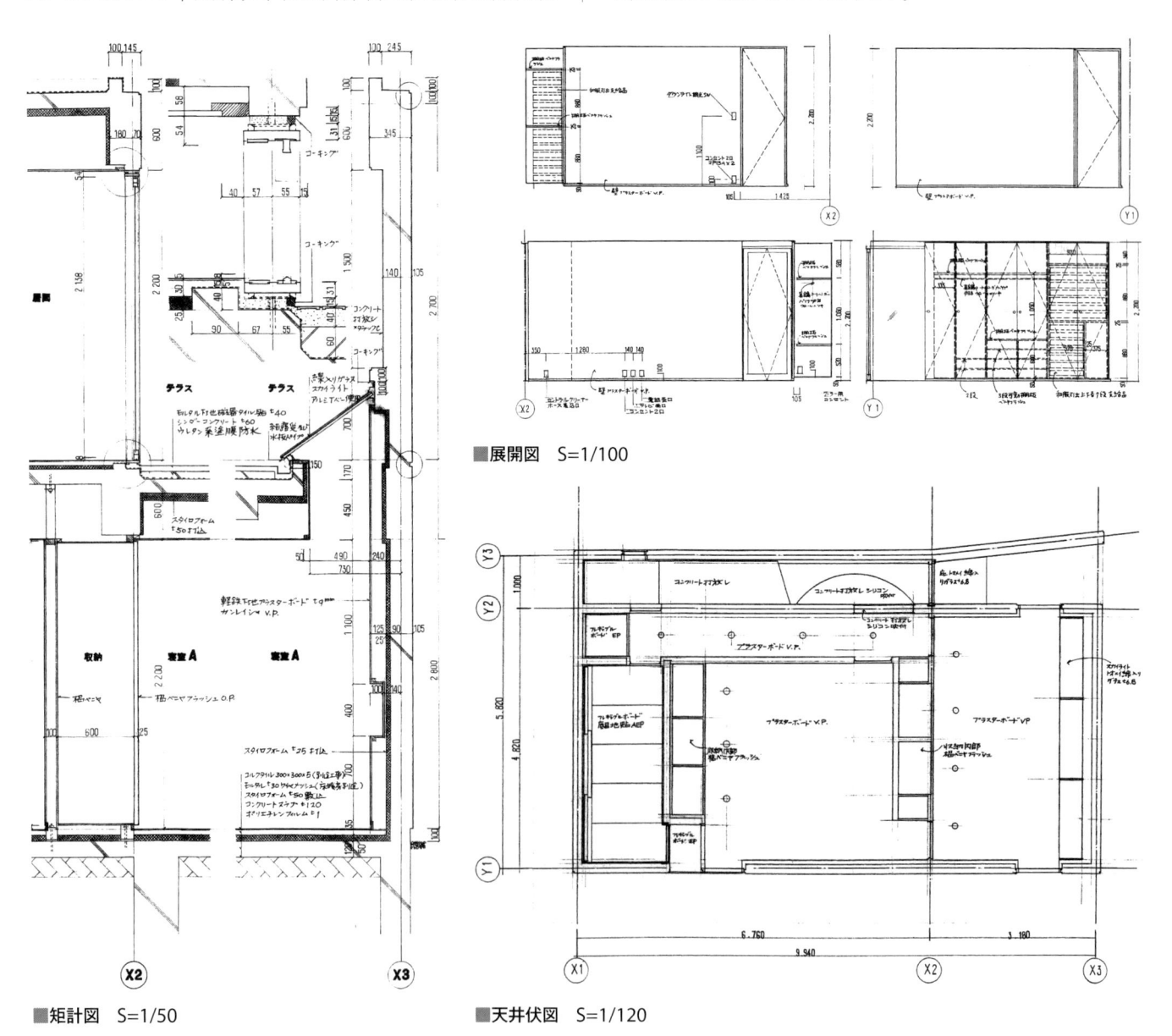

■矩計図　S=1/50

■展開図　S=1/100

■天井伏図　S=1/120

column

駒沢の住宅

本章では、基本的な建築の表現を学ぶために、建築家の自邸である「駒沢の住宅」を題材として採り上げています。そのデザインがどのように意図されたものかを理解するために、ここでは実際の住宅の写真と建築家自身の作品解説を紹介します。

　この駒沢に建つ小住宅は、1977年にデザインした自分の家である。当時は、モダニズムに対する反動として建築界を席巻したポストモダニズムの時代であり、建築の表層を飾り、古典様式を参照するといった饒舌な意匠が巷に氾濫した時代であった。その波に乗れず、むしろ批判的にその状況を見ていた設計者として、自邸でしかも非常に小さい住宅ということもあって、全体的にミニマルな意匠を貫きたいと思った。また、そのような時代認識から、表層はできるだけ寡黙な表現を心掛け、ごく普通の簡潔な「ハコ」のデザインとした記憶がある。

　当時からこの辺りは、道路を挟んだ反対側の広大な駒沢公園とは対照的に、朝刊の折込み広告によく見られる建て売り住宅が軒を連ねる「ミニ開発指定地域」のような一画で、ステレオタイプ化された郊外型住宅のボキャブラリーが氾濫していた。最初にこの土地を購入しようとして現地を訪れたとき、賑々しい住宅に囲まれながら、道路からは奥まっていて、隠れるようにしている佇まいがむしろ好ましく思われた。敷地いっぱいに建てられたこの建築は、当然のことながらこれらの事柄が意識され、「エレベーション（立面）不在」の設計となった。つまり外周の開口部を最小限に抑え、プライバシーを確保し、内向きの空間構成とすることからスタートした。採光上の理由から居間、食事室を2階とし、少しでも広がりをもたせる意図からワンルーム形式が採られた。その東側には、内部空間がそのまま延長したようなテラスを設け、壁面にあけられた開口部をとおして、駒沢公園の緑が借景となって室内に入り込んでくる。壁に囲まれた小さなテラスは、1階の寝室の採光のための場所でもあり、狭い住宅の中で唯一時節を感じうる場所である。公園からの落ち葉が舞い降り、雨が床を濡らし、落日の紅い光が白い壁面を照らす。つまり内向きの空間構成に「外」が介入する。室内は少ない開口部からの光を最大限に活かすため白の塗装仕上げとし、狭さを克服するためできる限り壁面収納を心掛けた。

　30年の時が経ち、いまこの住宅は自分の設計事務所として再生している。当初から想定していたわけではないが、ほとんど改修することなく事務所として転用できることができた。外周に壁量の多い壁式構造として簡潔な「ハコ」にしたことが、アダプタビリティの高い建築を生む結果となった。振り返って反省するべき点としては、隣地斜線などの法的な制限があったとはいえ、何とかして天井高をもう少し確保するべきだったことと、「エレベーション不在」の建築のメリットを活かして、外周部に外断熱工法を採用するべきであったことなどがあげられる。

（高宮眞介　2010年2月記）

設計　高宮眞介　　竣工年　1978年　　所在地　東京都世田谷区駒沢
敷地面積　100.07m²　建築面積　54.67m²　延床面積　93.42m²
構造　壁式鉄筋コンクリート造
主な仕上げ　外部　屋根：コンクリートコテ仕上　ウレタン樹脂塗布防水
　　　　　　　　　壁：コンクリート打放し　アクリル樹脂系塗料吹付
　　　　　　内部　天井：プラスターボード V.P.（居間・食事室、厨房、寝室）
　　　　　　　　　壁：プラスターボード V.P.（居間・食事室、厨房、寝室）
　　　　　　　　　床：モルタル下地コルクタイル貼

前面道路から見た東側外観

南側外観

テラスから見た居間・食事室

居間・食事室に続くテラス

II　建築の表現

II-7 アクソメ図の描き方

アクソメ図は、建築物全体を立体的に表現するだけでなく、屋根や壁を省略して内部を見せることで、各室がどのように配列され、どのような関係をもっているかを表現することができます。平面図をそのまま利用し、実長の高さで作図できることが特徴です。

アクソメ図の描き方 | 全体の大きさを想

定しながら、基準となる水平線の位置を設定します。立面図や断面図より得られる実長を用いて、柱や壁などの要素を平面図の下描きより垂直に描いていきます。トレーシングペーパーを用い、平面図を下敷きとすることで、平面図を描かなくとも簡単に正確な作図を行うことができます。

建築物の外形を表現するだけでなく、天井の高さで屋根を取り除いたり、手前の壁を取り除いたり、屋根や壁を透明なものとして扱ったりすることで、内部空間を表現するアクソメ図を描くことができます。また、屋根、壁、床を分解し、高さ方向へずらすことで、建築物の内部を表現する場合もあります。はじめに設定する方向と角度によって、表現される外形や内部空間の見え方が異なるため、適切な方向と角度を設定することが重要です。一般的には作図しやすい30度、45度、60度といった角度が用いられます（p.15参照）。

アクソメ図では、外側から見える輪郭を外形線、それ以外の細部を見え掛かり線、屋根や壁を取り除いた場合の切断面を断面線によって表現します。その他、取り除いた屋根や壁を隠れ線などを用いて透明なものとして描いたり、屋根や床をずらして描く場合には対応線を用いて関係を示します。

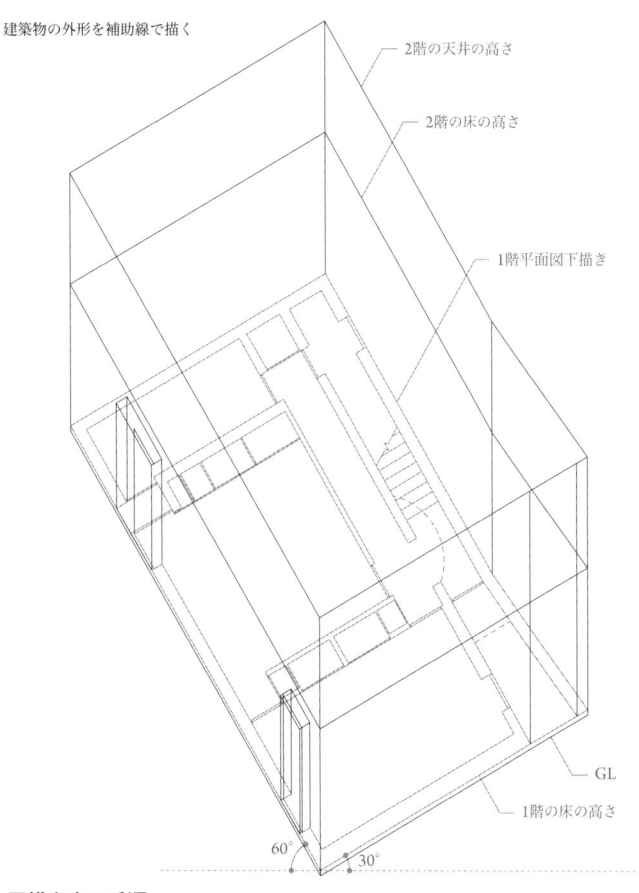

■描き方の手順

[1] 水平線と垂直線を描き、交点から任意の角度で傾けて（ここでは60度／30度）、下描きとなる1階平面図を補助線で描く。次に、1階平面図を下敷きとして、建築物の外側から見える輪郭を補助線で垂直に描く。高さは立面図を参照し、実長の高さにより作図する。1階平面図が1階の床の高さであることに注意し、GLからの高さの外形を描く。平面図を描くとき、図上の補助線が多くなるため、作図に必要な部分だけを描くときれいに仕上がる。

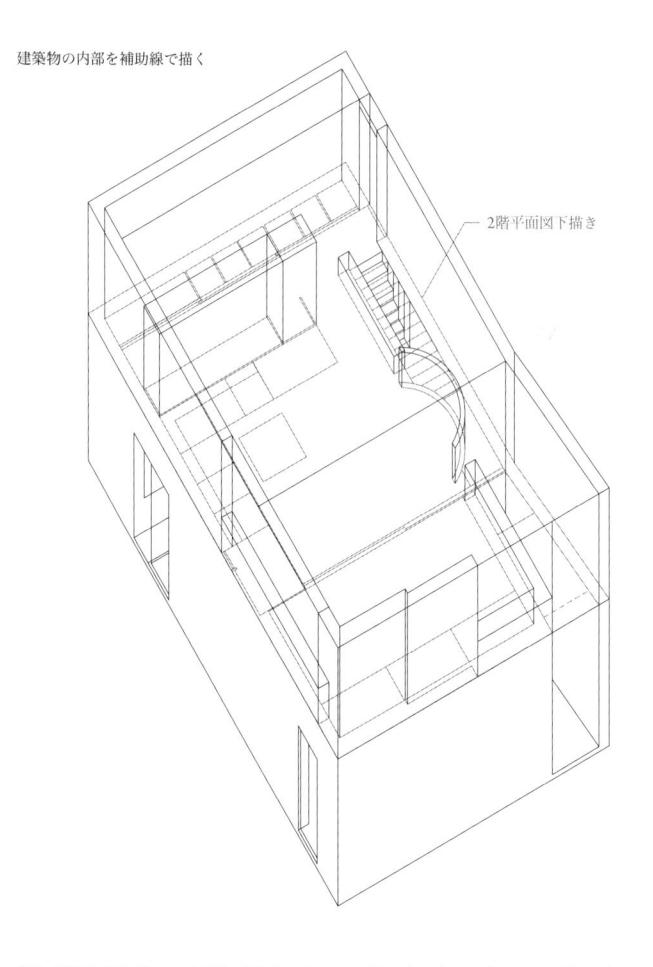

[2] 屋根を取り除いて内部を表現するため、2階の床の高さに合わせ、2階平面図を補助線で描く。次に、2階平面図を下敷きとして、内部の壁を補助線で垂直に描く。取り除く屋根を切断する高さは断面図を参照し、2階の天井の高さとする。開口部も補助線で描く。

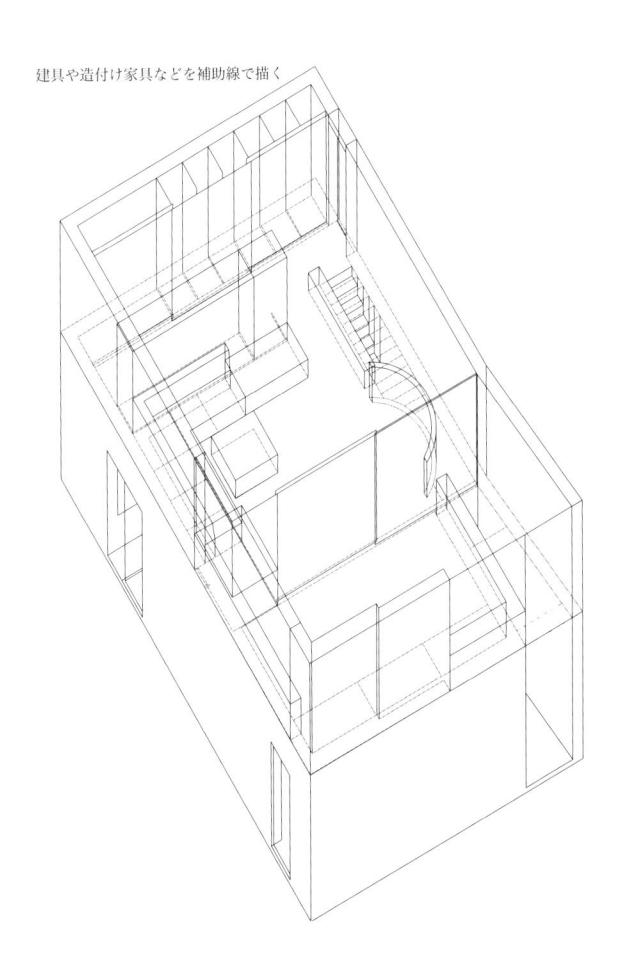

II-7 | アクソメ図の描き方

取り除いた屋根

対応線

建具や造付け家具などを補助線で描く

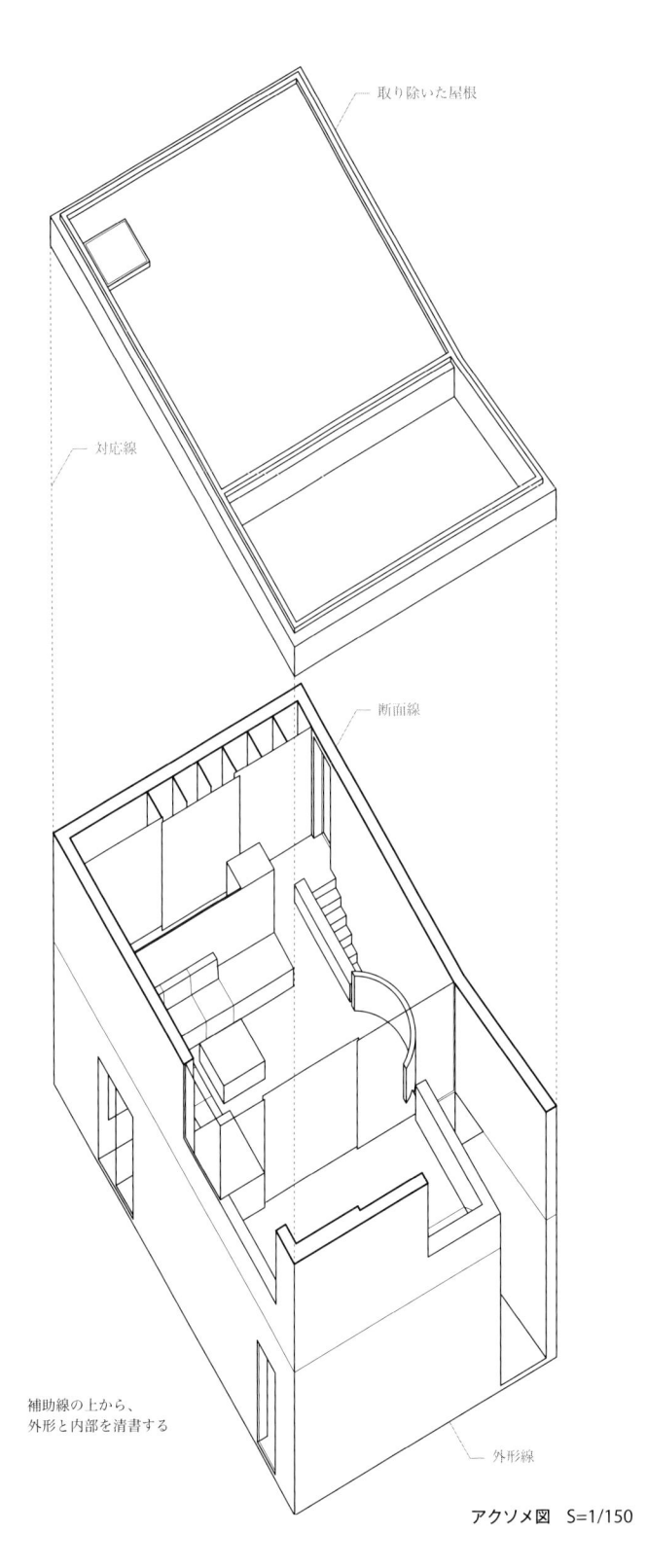

断面線

補助線の上から、
外形と内部を清書する

外形線

アクソメ図　S=1/150

[3] 2階平面図を下敷きとして、扉、窓などの建具や造付け家具などを補助線で垂直に描く。建築物の形状を表現する図であるため、建具や家具などは細部を省略して描いてもよい。

[4] 補助線の上から、外形と内部の壁を清書する。輪郭は外形線、屋根を取り除いた壁や開口部の切断面は断面線で描く。次に、輪郭以外を見え掛かり線で描く。そして、取り除いた屋根を上方に描き、対応線によって関係を示す。

課題 | アクソメ図を描く

「駒沢の住宅」のアクソメ図を、縮尺1/100で描きなさい。2階の天井の高さで屋根を取り除き、内部も表現すること。描く際には、p.49の各図も参照すること。

II-8 一点透視図の描き方

一点透視図は、対象となる建築物や室内のある1面に対して、視点を平行に置いて作図します。比較的描きやすく、奥行き感もあるため、室内の表現に利用されることが多い図法です。

一点透視図の描き方 | 建築物の室内空間

の特徴がよく表れるように、どのような角度、距離から見るかを考え、投影面（PP）、立点（SP）、視点の高さ（HL）、基線（GL）を定めます（p.20参照）。SPが建築物に近づけば近づくほど、透視図上の奥行きが誇張されて表現されるため、適切な位置にSPを設定することが重要です。また、HLを一般的な人の視点の高さ（1.6 m）に設定することで、人が見た室内空間を表現することができます。

一点透視図では、床面、または壁面に対角線を引いた交点が必ず面の中心に位置することから、面の奥行き方向を簡単に二分割する方法として対角線が用いられます。同様に、PPに平行な線を等分割してVPと結んだ線と対角線の交点より、奥行き方向を等分割することも可能です。

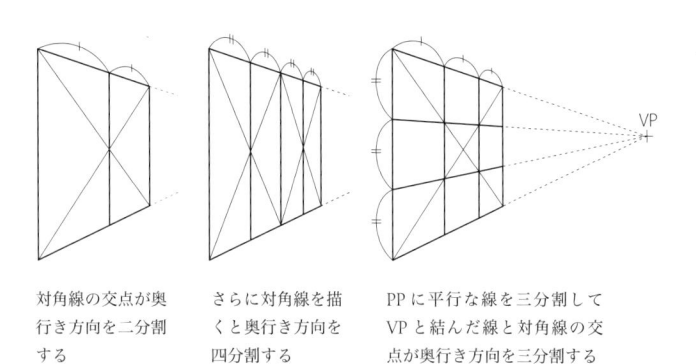

| 対角線の交点が奥行き方向を二分割する | さらに対角線を描くと奥行き方向を四分割する | PPに平行な線を三分割してVPと結んだ線と対角線の交点が奥行き方向を三分割する |

■ 対角線を利用した等分割

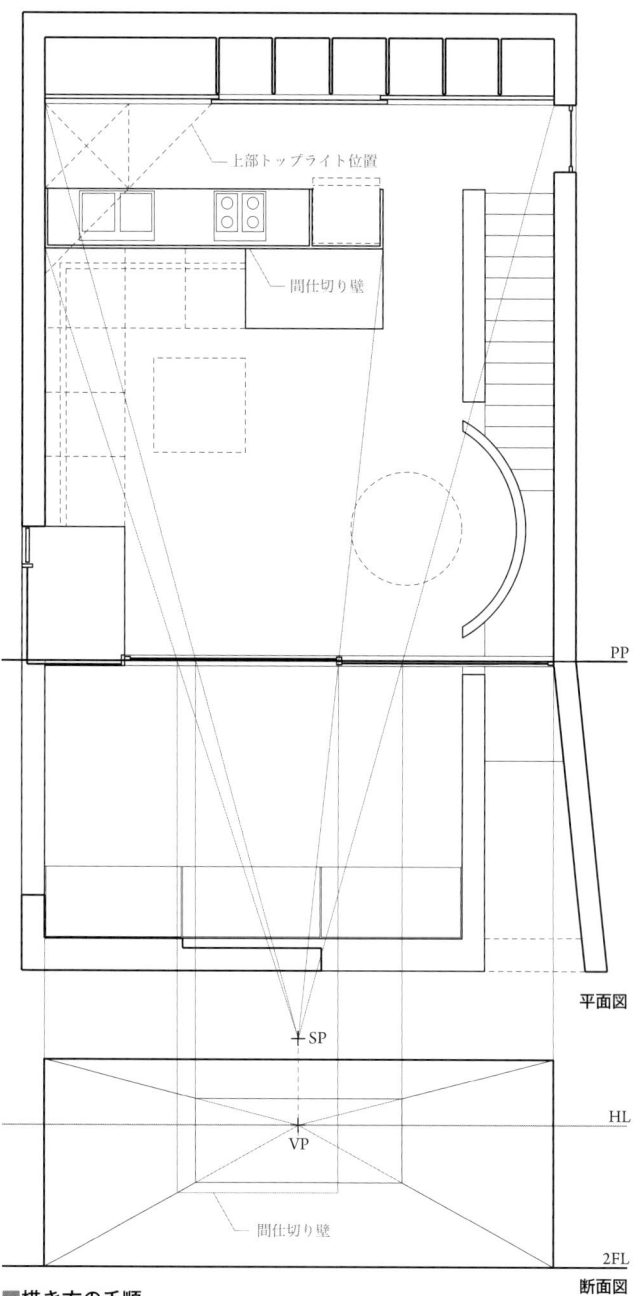

■ 描き方の手順

[1] 2階平面図を描き、PP、SPを定める。平面図の下にPPで切断した断面図（内壁線）を描き、HLを定める。SPより垂直に下ろした線とHLの交点がVPとなる。断面図の隅角部とVPを結び、室の奥行きを描く。奥行き方向の位置は、平面図の各点とSPを結び、PPとの交点より垂直に下ろした線で示される。

課題 | 一点透視図を描く

「駒沢の住宅」の一点透視図を1/50で描きなさい。2階のテラス側より見る居間・食事室を表現すること。描く際には、p.49の各図も参照すること。

II-8 | 一点透視図の描き方

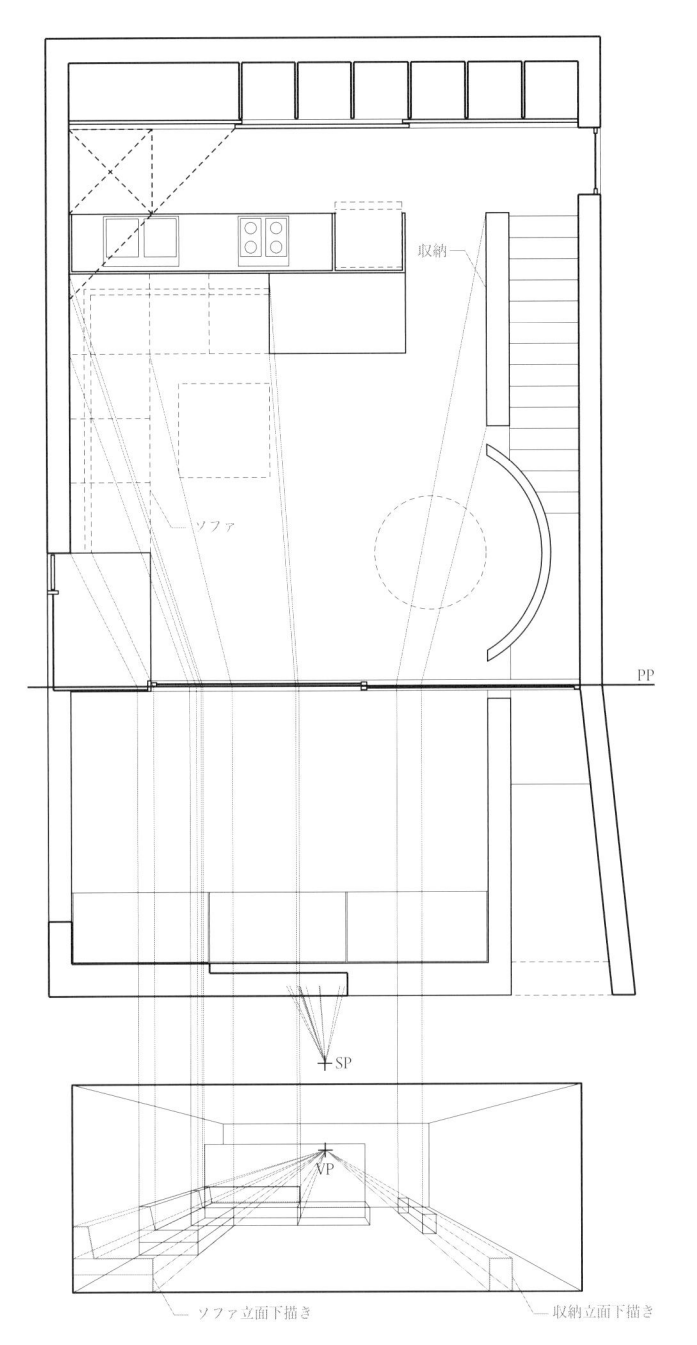

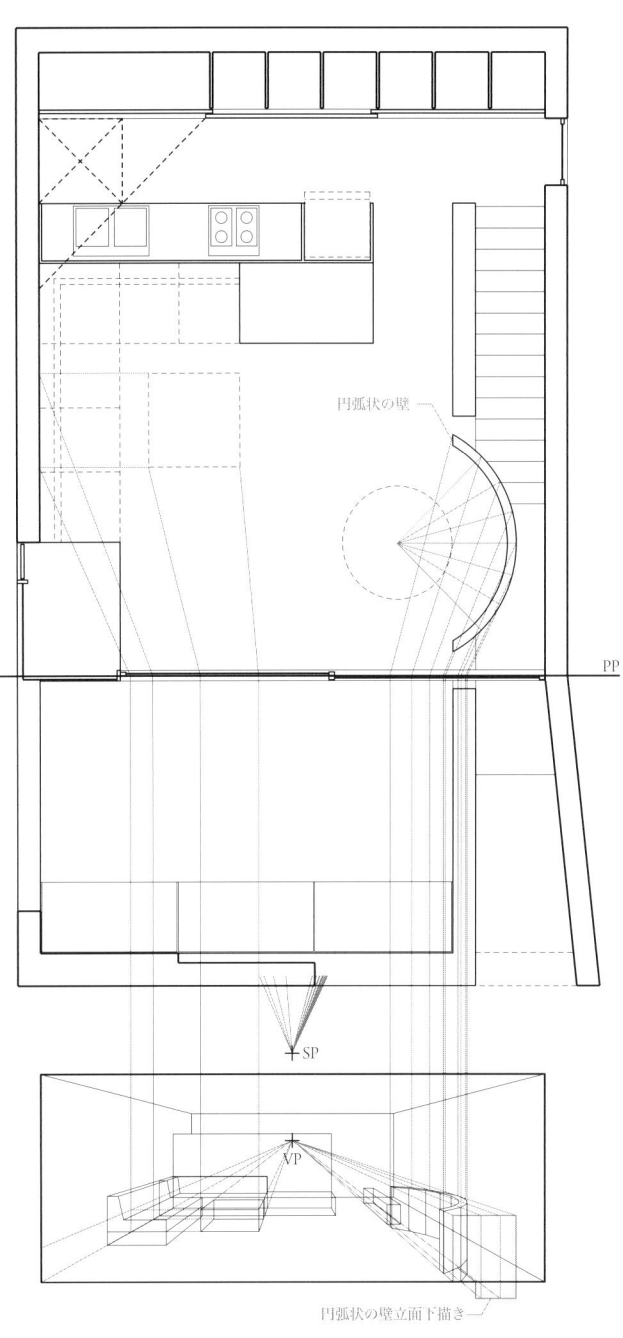

[2] 高さは、PP に接した断面図上が実長となるため、断面図上に高さの実長を取り、VP と結んだ線で示される。その線と奥行き方向の位置を示す線の交点が、透視図上の正しい位置を示す。室内の家具などを描く際には、断面図上に正しい寸法で家具の立面を下描きし、その各点と VP を結ぶと作図しやすい。

[3] 円弧状の壁やテーブルを描く際には、円弧を平面上で等分割して直線に置き換えて作図する。

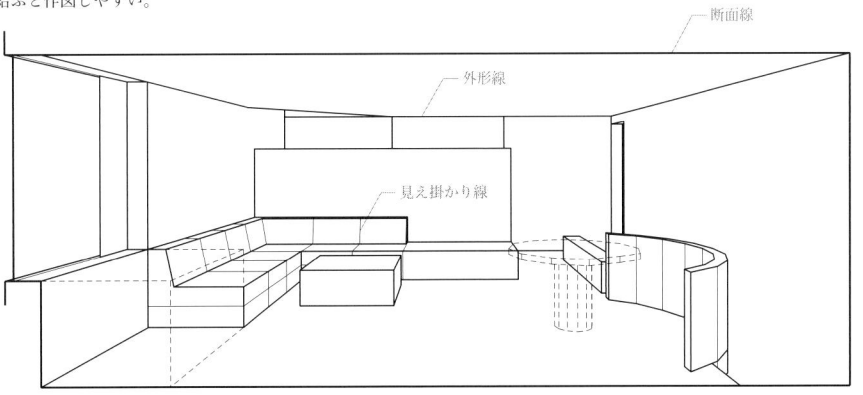

[4] 壁、開口部、家具を清書する。投影面により切断された面を断面線、外側から見える輪郭を外形線、建具や家具などの詳細を見え掛かり線で描く。

一点透視図　S=1/80

II　建築の表現

II-9 模型のつくり方

計画する建築物がどのような形状であるかを確認するために、実物を縮小した建築模型をつくります。建築図面は二次元による表現であるのに対し、模型は三次元の空間をさまざまな角度から眺めることができ、建築物の外部、内部の検証を行うことができます。

模型の種類

模型による表現は多様であり、目的や縮尺によって、つくり方、用いる材料などが異なります。実際の建築物がどのような形状となるかを把握するために、細部まで正確につくる模型がある一方で、建築物の特徴を表現するためにイメージを優先した模型もあり、目的に応じて適切な表現方法を選択しなければなりません。また、**敷地模型**と呼ばれる縮尺の小さい模型は、建築物と周辺の建築物や道路などとの関係を把握するためにつくられるため、建築物自体は大きさと形状がわかる程度に簡略されたもので表現されます。起伏や段差のある敷地では、等高線によって高低差を表現する**コンター模型**をつくることもあります。一方で、図面だけでは把握することが困難な詳細を検討するために、**原寸模型**をつくることもあります。また、設計の過程では**スタディ模型**と呼ばれる簡単な模型を数多くつくることがあります。それは、立体によるスケッチと呼ぶべき役割を果たします。

大きさと形状を示すことを目的とした**ボリューム模型**では、加工が容易な**スタイロフォーム**が一般的に用いられます。敷地模型における周辺建築物も同様です。壁などを詳細に表現した模型をつくる場合には、**スチレンボード**を用いるのが一般的です。ガラス面にはプラスチック系の透明な板が用いられます。その他、目的に応じた表現に合わせて、紙、段ボール、プラスチック板、木材、金属板など、多様な材料が用いられます。

模型のつくり方

模型をつくる際に図面が用意されている場合には、それをスチレンボードに貼り付け、ガイドにしながら部品を切り出して組み立てる方法が一般的です。既製のスチレンボードの厚さが限られているため、ボードで壁などをつくる場合には、実際の寸法に最も近似する厚さの材料を選択しなければなりません。そのため、その厚さの違いを考慮しながら部品を切り出していくことが重要です。場合によっては、材料の厚さを考慮した模型用の図面を描くこともあります。図面をスチレンボードに貼り付ける方法は、スプレーのりを用いるのが一般的ですが、接着剤が周囲に飛散しないように十分注意しなければなりません。

スチレンボードなどの板状の素材を切る場合には、切り口が直角となることが重要です。スチレンボードの切り方は、最初に上の紙を切り、次に中の発泡スチロールを切り、最後に下の紙を切るように、3回に分けて切るときれいに切ることができます。スチレンボードを直角に組み合わせるときには、面取りを行うときれいに仕上がります。面取りは、スチレンボードの片側の紙のみを残し、発泡スチロールともう片側の紙を切り取り、残った紙を組み合わせるボードの小口に覆い被せるように貼り付けます。それにより、それぞれのボードの小口を見せないように仕上げることができます。

敷地模型 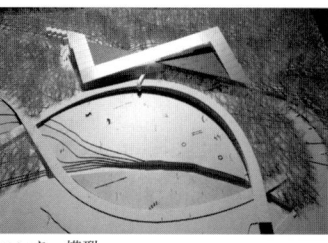　コンター模型 　スタディ模型
■模型の種類

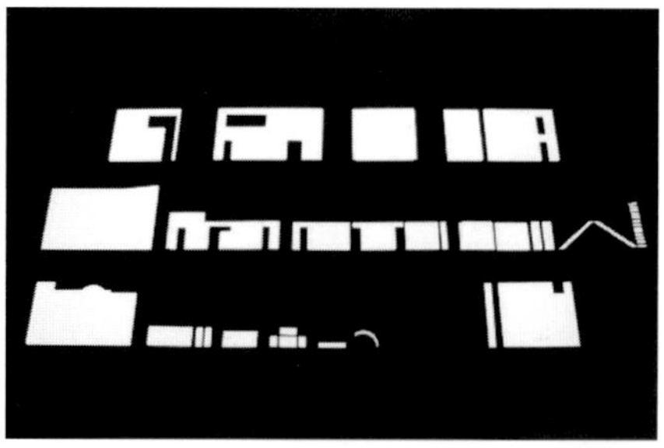

[1] 部品の切り出しに使用する図面を用意する。図面の裏側に再接着式のスプレーのりを吹き、材料に図面を貼る。次に、図面をガイドにして部品を切り出す。切り出した部品は図面を剥がし、クリーナーなどでボード表面の接着剤を拭き取る。

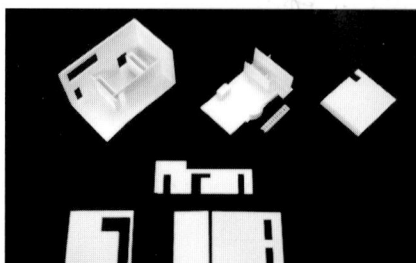

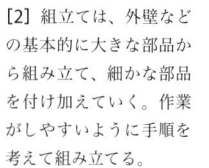

[2] 組立ては、外壁などの基本的に大きな部品から組み立て、細かな部品を付け加えていく。作業がしやすいように手順を考えて組み立てる。

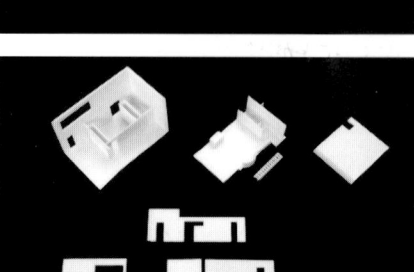

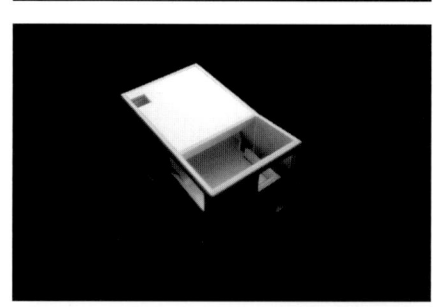

[3] 完成。

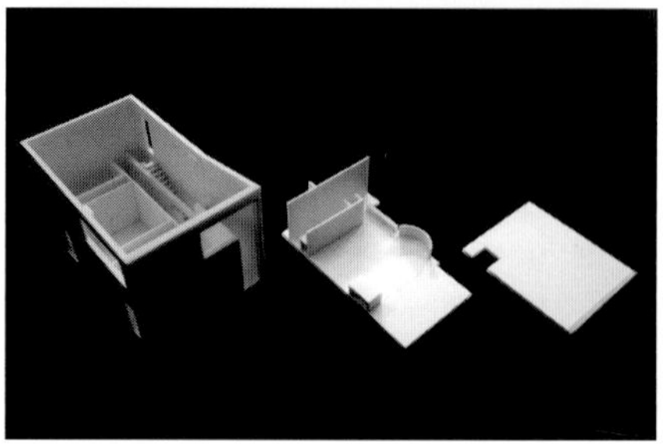

[4] すべての部材を接着せずに、屋根や壁の一部をドラフティングテープや虫ピンで仮留めし、取り外しできるようにすると、模型の内部がわかりやすくなる。

■模型のつくり方

模型道具

カッターは、切れ味の鋭い30度刃のものを用いるのが一般的です。刃はこまめに折り、常に材料の切り口をきれいに仕上げることが重要です。また、刃を折る際には正しい方法に従い、折った刃の処分にも十分に気を付けなければなりません。カッターを用いて材料を真っ直ぐに切る場合には、**金尺**を定規として用います。15cm、30cm、60cm、100cmの長さがあり、作業の内容によって使い分けます。材料を直角に切るためには**スコイヤー**を用います。また、カッターを用いる場合には、作業台が傷付かないように、必ず**カッターマット**を敷いて作業を行います。さまざまなサイズがあるので、作業の内容によって使い分けます。

スタイロカッターは、スタイロフォームを電熱線（ニクロム線）によって切断する道具です。電熱線を切らないように材料をゆっくりと動かして切ることが重要です。

スチレンボンドは、スチレンボードやスタイロフォームの接着に用い、紙や木材の接着にも用いることができます。**グルーガン**は、スチレンボンド用の注入器で、細かな部品を接着するのに適しています。

スプレーのりは、スプレー式の接着剤で、必要な接着強度によって、再接着式や中・高接着式のものを使い分けます。ただし、接着剤を噴射するため、段ボール箱の中など覆いのあるところで用いるなど、周囲に飛散しないように十分に注意が必要です。再接着式のスプレーの代わりに、低粘着の**再接着式スティックのり**を使うこともあります。

両面テープは、両面が粘着面になっているテープです。ボンド類は乾燥後に材料が反ってしまうことがありますが、両面テープは反りが出にくいことが特徴です。**ドラフティングテープ**は、低粘着性のために剥がしても材料が痛みにくいため、部品の仮留めなどに用います。**メンディングテープ**は、紙に貼った後に目立たちにくい半透明のテープで、図面を継ぎ合わせるときにも用います。

クリーナーは、スプレーのり用の洗浄スプレーで、紙やスチレンボードなどに付着した接着剤、汚れの洗浄に用います。**ソルベント**は、スチレンボンドなどの接着材の剥離材として用いられる溶解液です。消毒用エタノール（アルコール）も接着材の剥離剤として用います。

虫ピンは、部品を仮留めするときに用います。他にも屋根や壁などを取り外すことを想定した模型で、接着材の代用として用います。

ピンセットは、細かな部品を扱うときに必要となります。一般的に先の折れ曲がったものを用います。

模型材料

スチレンボードは、板状の発泡スチロールを上質紙で挟んだもので、最も基本となる模型材料です。さまざまな厚さがあり、必要に応じて使い分けます。曲線の表現やコンター模型などでは、紙が貼られていない**スチレンペーパー**を用いることもあります。

スタイロフォームは、ボリューム感のあるかたちをつくるのに用い、切断には専用のスタイロカッターを用います。

塩ビ板や**アクリル板**は、ガラスの表現に適した材料です。塩ビ板はアクリル板に比べて柔らかく加工しやすいのですが、透明色はアクリル板に比べると若干色味が付いています。アクリル板を切断する際に、板厚が厚い場合には**アクリルカッター**を用います。

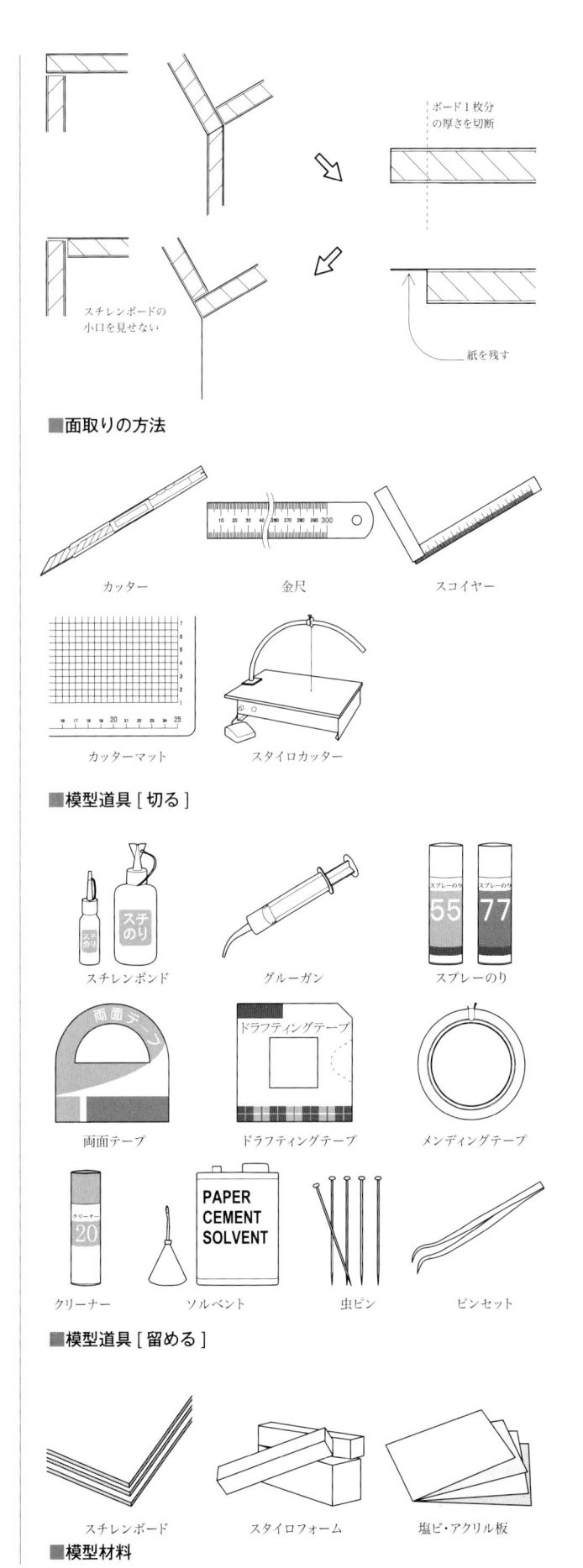

■面取りの方法

カッター　　金尺　　スコイヤー

カッターマット　　スタイロカッター

■模型道具 [切る]

スチレンボンド　　グルーガン　　スプレーのり

両面テープ　　ドラフティングテープ　　メンディングテープ

クリーナー　　ソルベント　　虫ピン　　ピンセット

■模型道具 [留める]

スチレンボード　　スタイロフォーム　　塩ビ・アクリル板

■模型材料

模型の事例

模型は、実物を再現するように細部まで正確につくるものから、イメージを伝えるためのものまで、目的に応じてさまざまな表現方法が用いられる。

プラダ・エピセンター・ロサンゼルス
OMA／2004
明確な入口がなく、街路との一体化が図られたブランドショップ。さまざまな模型材料が用いられ、インテリアの具体的なイメージを表現している。

Image courtesy of the Office for Metropolitan Architecture (OMA)

せんだいメディアテーク
伊東豊雄／1995
図書館とギャラリーを中心とした複合施設。積層された薄いプレート（床）と、それを貫くチューブ（柱）によって構成されている。透明なアクリルによって、建物の構成を明快に表現している。

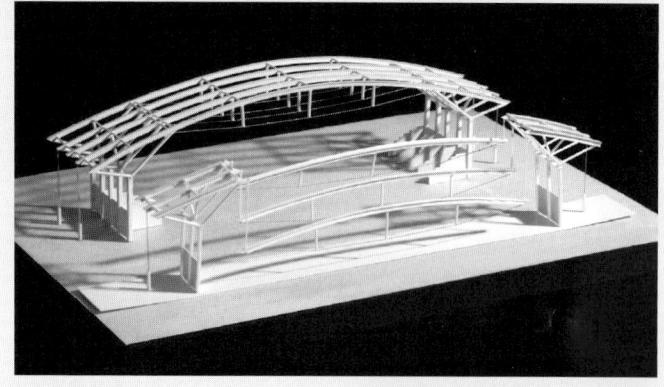

酒田市国体記念体育館
谷口吉生／1991
体育館のアリーナに用いられた張弦梁を示す構造模型。実際には仕上げ材によって隠れてしまう構造体の原理を視覚的に表現するとともに、施工の際に用いられた張弦梁を吊り上げる工法の様子も再現している。

六甲の集合住宅Ⅰ・Ⅱ
安藤忠雄／1978〜99
山の麓の急斜面に建てられた集合住宅。段状に建物が埋められているのが模型から見て取れる。等高線（コンター）に沿って、材料を切り出して重ねることにより、斜面地を表現している。

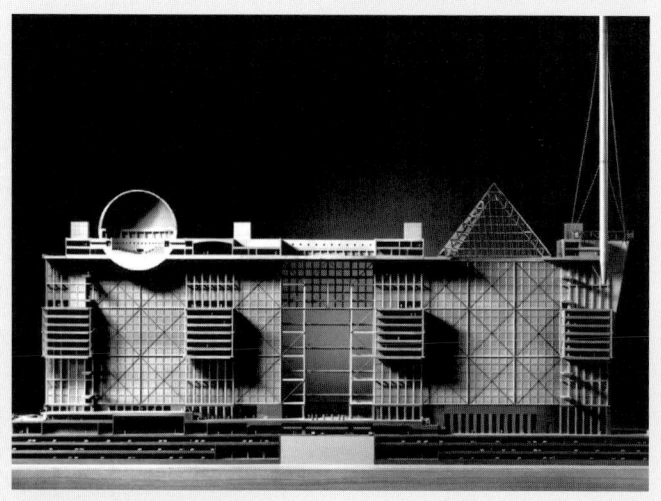

東京都新都庁舎設計競技応募案
磯崎新／1986
都庁舎に対する設計競技の応募案。建物を低層とすることにより、内部に巨大な大広間をつくり出している。その内部空間を表現する、木でつくられた断面模型。

Ⅱ　建築の表現

| 課題 | **模型をつくる** |

「駒沢の住宅」の模型を1/50でつくりなさい。2階の壁や造付け家具をつくり、屋根を取り外して内部が見えるようにすること。つくる際には、下図も参照すること。

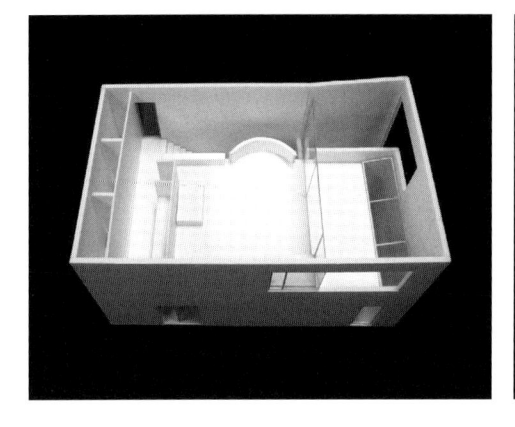

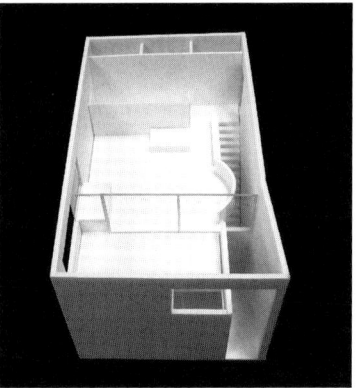

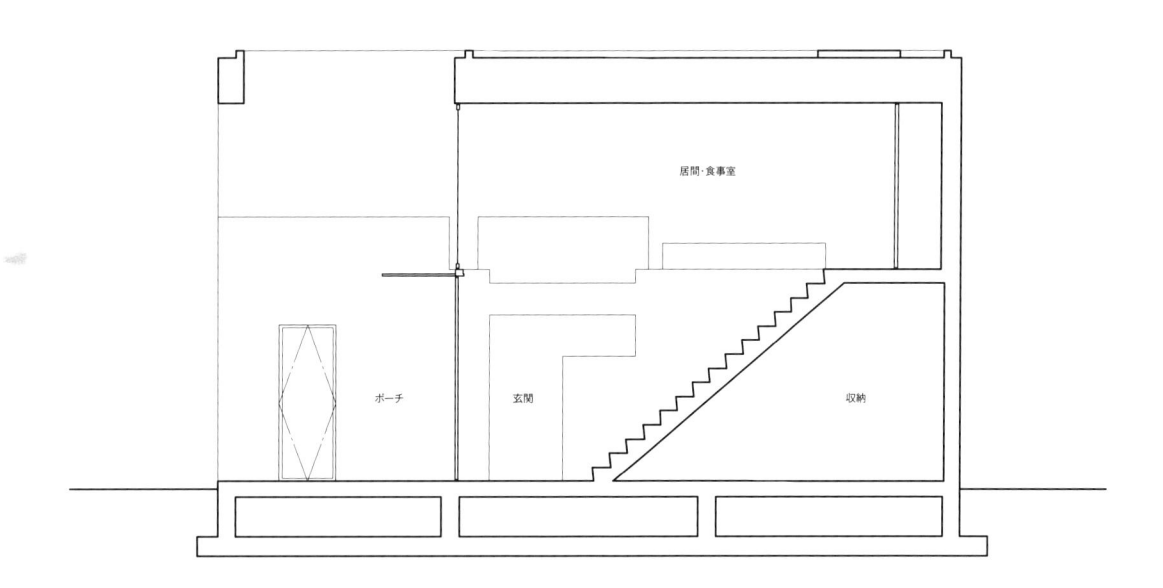

■ CC'断面図　S=1/100（切断位置 p.32 参照）

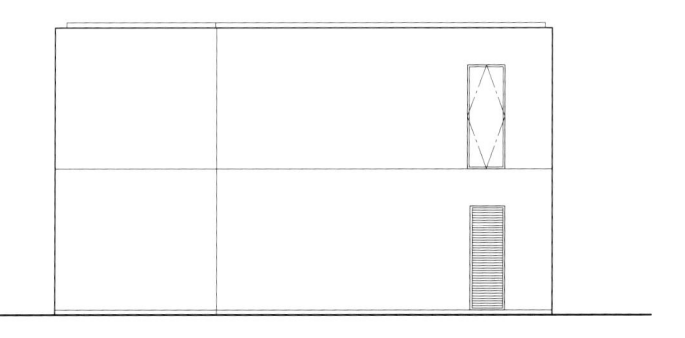

■北立面図　S=1/150

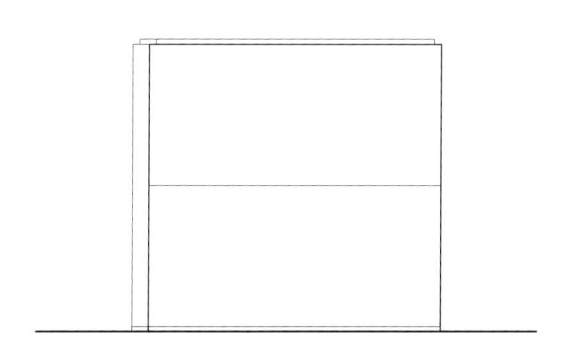

■西立面図　S=1/150

II-10 スケッチの描き方

建築物を見ることは、建築のデザインを捉えるうえで重要です。実際に訪れてスケッチを行うことにより、建築物を注意深く観察し、形態、比例関係、構成、質感、素材、陰影といった、さまざまな建築物の表情を知ることができます。それらをスケッチとして描き、他の人たちに対して説明を行うためのプレゼンテーションボードをまとめます。

スケッチの描き方

建築のスケッチでは、絵画表現における人体や静物などのデッサンとは異なり、明暗で質感を描き出すよりも、線画として形態を描き出すことが重要です。これまで学習した透視図を念頭に置き、消失点を意識しながら、実際に見ている建築空間を立体的に表現することを心掛けます。

スケッチを描く際には、全体を描くだけでなく、建築物の詳細(ディテール)を採り上げ、どのような意図で細部がデザインされているのか、その背後にある意図や方法を意識することが重要です。自分がデザインする際の参考となる情報を、スケッチを通して得ることができます。

自分が訪れた建築物を他の人たちに説明するために、スケッチや文章をレイアウトしてプレゼンテーションボードをまとめることは、建築物を紙の上で表現するための練習となります。スケッチなどの実際に訪れて得た情報だけでなく、文献などで調べた内容を1枚のボードにまとめます(p.52 参照)。

東京文化会館
前川國男／1963（スケッチ：須貝里美）
東京・上野にあるクラシック音楽やオペラを上演するホール。モダニズム建築の代表作であることから、エントランスロビーを中心とするディテールを、カラフルなタッチで描いている。

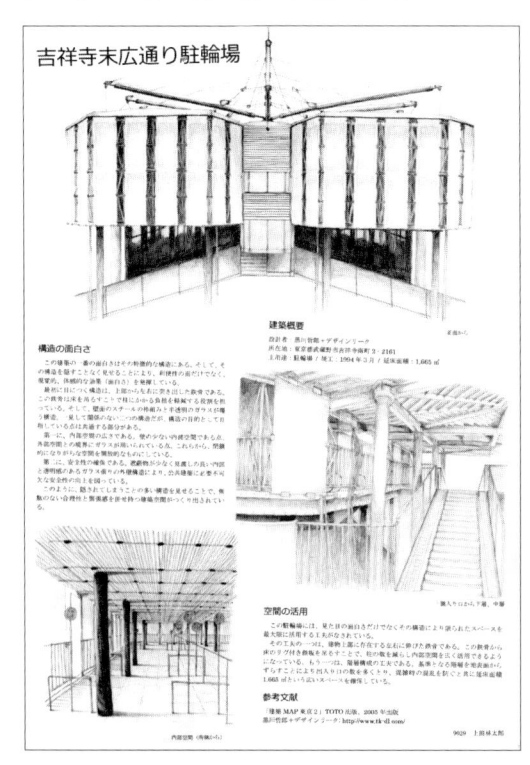

作品例

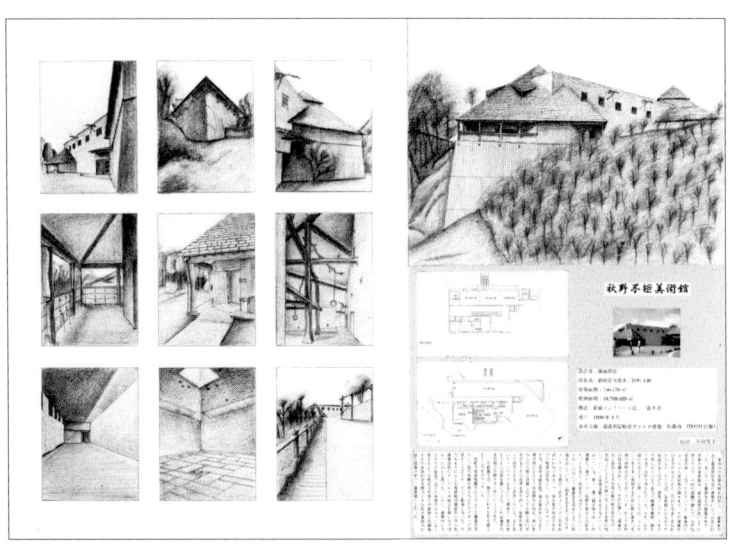

秋野不矩美術館
藤森照信／1998（スケッチ：平岡智子）
日本画家の個人美術館。独特なデザインによる外観や内観のさまざまな場面が、鉛筆によって表現されている。

吉祥寺末広通り自転車駐輪場
黒川哲郎／1994（スケッチ：上田林太郎）
ガラスと金属が多用された駐輪場を、ディテールまで精密なタッチで表現している。

スケッチの事例

スケッチは、設計の途中で説明するために描くものから、実測や観察によって描くものまで、さまざまな役割をもっている。

ラ・ロッシュ＝ジャンヌレ邸
ル・コルビュジエ／1925
古典的な装飾による空間の美しさではなく、人間が移動し、風景の変化を体験することで得られる空間の豊かさを追求している。住宅のさまざまな場面を描いた絵コンテのような習作スケッチ。

ニューヨーク・マンハッタンのスケッチ
宮脇檀／1995
建築家による旅先のスケッチ。心に留まった風景を素早く手帳に描き留めている。美しい街並みや名建築を実際に自分の足で訪れ、そのときの感動や記憶を記録するために、スケッチを描くことは有効な手段である。

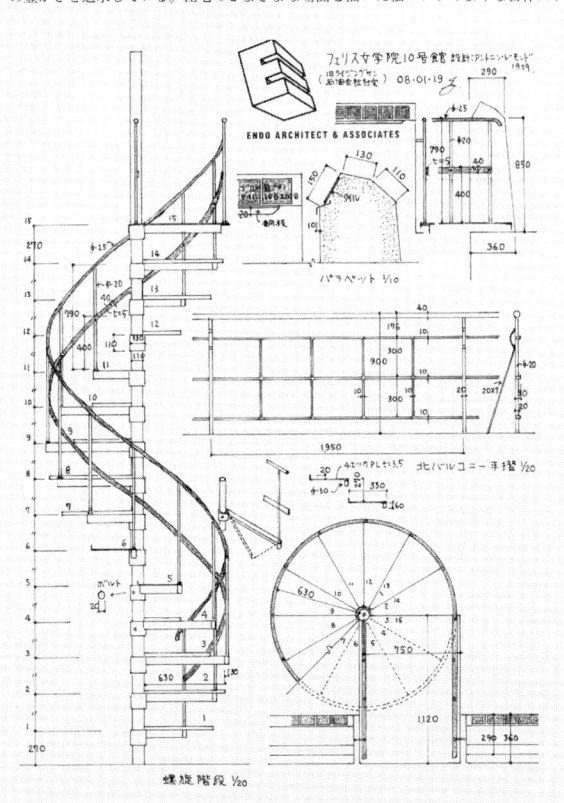

フェリス女学院10号館の実測スケッチ
遠藤勝勧／2008
建物を実測し、図面として描き起こした建築家の実測スケッチ。名建築を実測することで、スケールやプロポーション、素材の納まりや質感など、そのデザインについて理解を深めることができる。

A型アパートのスケッチ
西山夘三／1978
社会階層、労働環境、立地などによって形成されるさまざまなすまいの型を取り上げ、その歴史、計画、問題点について調査した建築学者が描いた、製紙工場の社宅での暮らしを表すスケッチ。ドアスコープから生活をのぞき込んだような、ユニークな魚眼レンズ風スケッチで室内を描いている。

II　建築の表現

II-11 プレゼンテーションボードのつくり方

プレゼンテーションとは、情報を伝える相手に企画や提案を提示して説明することです。建築設計では、自分の提案を図面や模型、写真などを用いて、わかりやすく、美しく表現すると共に、その内容をプレゼンテーションボードとしてまとめます。

構成とレイアウト

プレゼンテーションボードをつくるとき、図面や写真、ダイアグラム、文章などは、基本的に左から右へ、上から下へ順番に並べます。はじめに提案の概略を説明し、その後に具体的な内容を説明するのが一般的です。伝える相手に物語を読み聞かせるように、前後の関係をわかりやすく、関連性のある内容を並べるように心掛けます。また、図面の縮尺や文字の大きさを統一するなど、1枚の絵としてボード全体をデザインします。

互いに関連のある図面を近付けるなど、適切なレイアウトを行うことで、図面内容の理解が容易になります。配置図と平面図は基本的に北が上になるように配置し、北を上としないときにも、配置図と平面図の向きは一致させるようにします。複数階の平面図を配置するときには、上下または左右に連続して、長手方向を揃えて並べるのが一般的です。上階の平面図は、通り芯の位置を一致させて、下階の上または右へ並ぶように配置します。立面図や断面図と並べて配置するときにも、通り芯の位置を一致させて上下に並べます。複数枚の立面図や断面図を配置するときには、通り芯の位置を一致させて上下に並べるか、GLを揃えて左右に並べます。

複数枚のプレゼンテーションボードを作成するときには、1枚1枚を独立して見せる方法と、複数枚をつなげて1枚の大きな絵として見せる方法があります。ボードの順番を示す場合には、番号や記号は必ずボードの同一の場所に表記します。

図面と文字

図面タイトルなどの文字も、プレゼンテーションボードのデザインにおいて重要な要素となるので、適切なレイアウトが必要となります。図面タイトルは図面の近くに、図面の端部と揃えて配置すると見やすくなります。離して配置すると、図面との関係がわからなくなるので注意します。また、文字の配置は余白が多い図面を安定させる役割もあります。

文字の大きさは、内容の重要度によって、大きさや太さを変化させます。一般的に、タイトルやキーワードは大きく、説明文などの詳細な内容は小さい文字を使います。

図面や文字を配置するとき、全体のバランスを考えることで、ボードに安定感や統一感が生まれ、図面が美しく、理解しやすくなります。図面や文字だけでなく、余白も含めたボード全体をデザインすることが重要です。

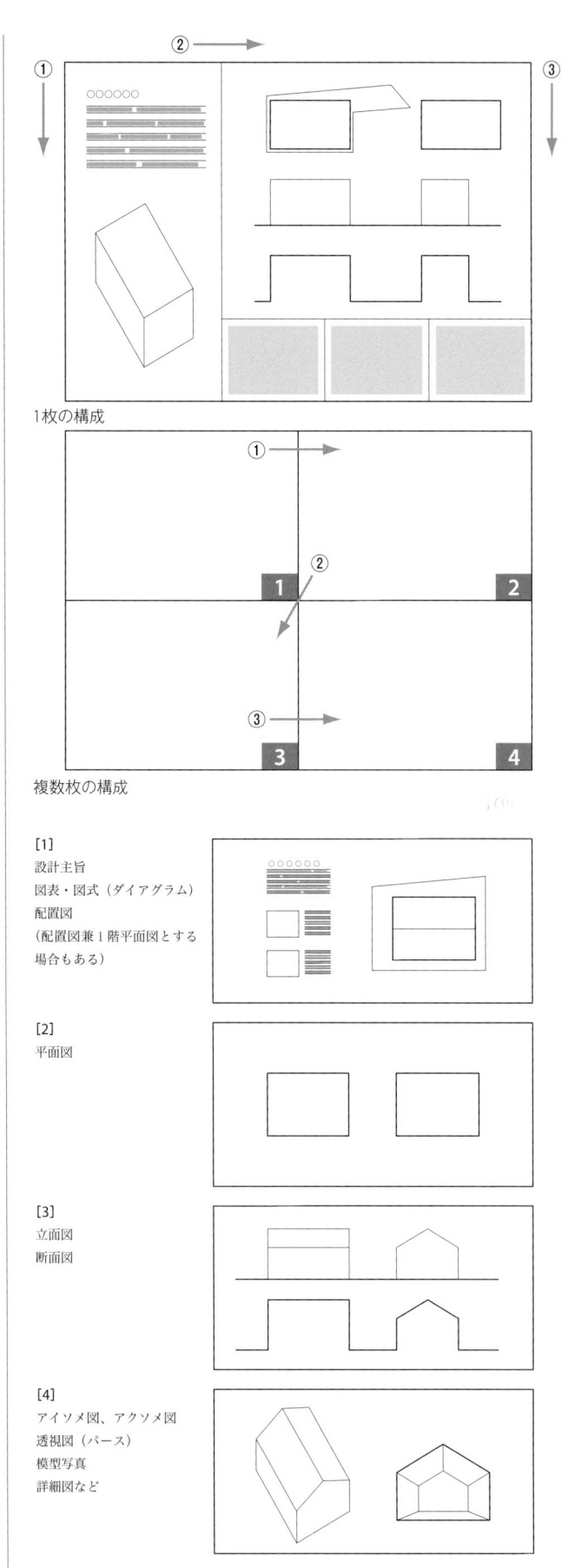

1枚の構成

複数枚の構成

[1]
設計主旨
図表・図式（ダイアグラム）
配置図
（配置図兼1階平面図とする場合もある）

[2]
平面図

[3]
立面図
断面図

[4]
アイソメ図、アクソメ図
透視図（パース）
模型写真
詳細図など

■図面レイアウトの構成

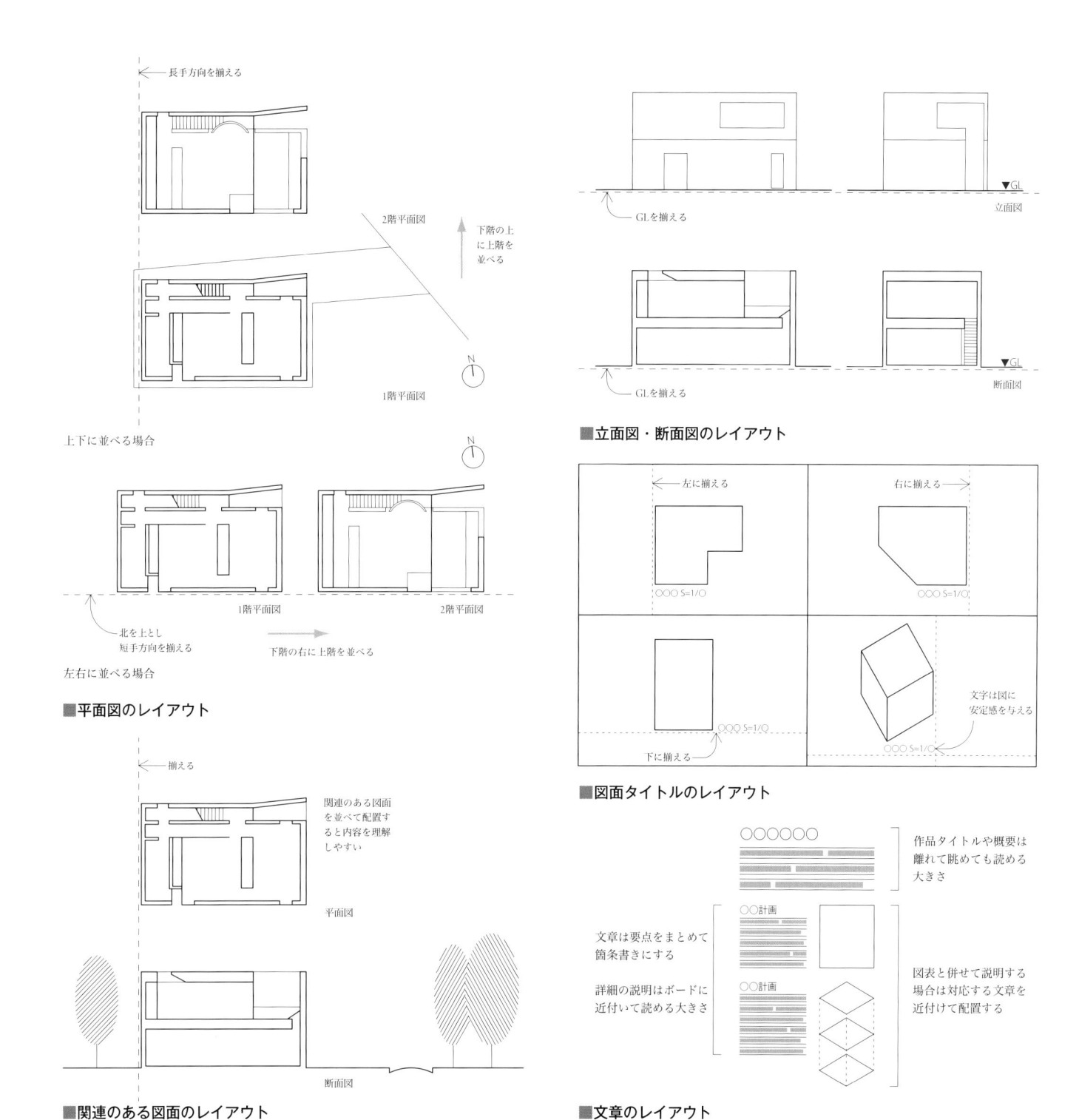

II-11 | プレゼンテーションのつくり方

■平面図のレイアウト

■立面図・断面図のレイアウト

■図面タイトルのレイアウト

■関連のある図面のレイアウト

■文章のレイアウト

課題 | プレゼンテーションボードをつくる

これまでの課題で製作してきた「駒沢の住宅」の平面図、立面図、断面図、アクソメ図、一点透視図などと模型写真を素材として、プレゼンテーションボードを作成しなさい。図面類はすべて50%に縮小コピーして、A2判の用紙にまとめること。

プレゼンテーションボードの事例

設計競技（コンペティション）の入賞作品のプレゼンテーションボードを、そのままのレイアウトで掲載する。何れもA1判の大きさで作成されたものである。

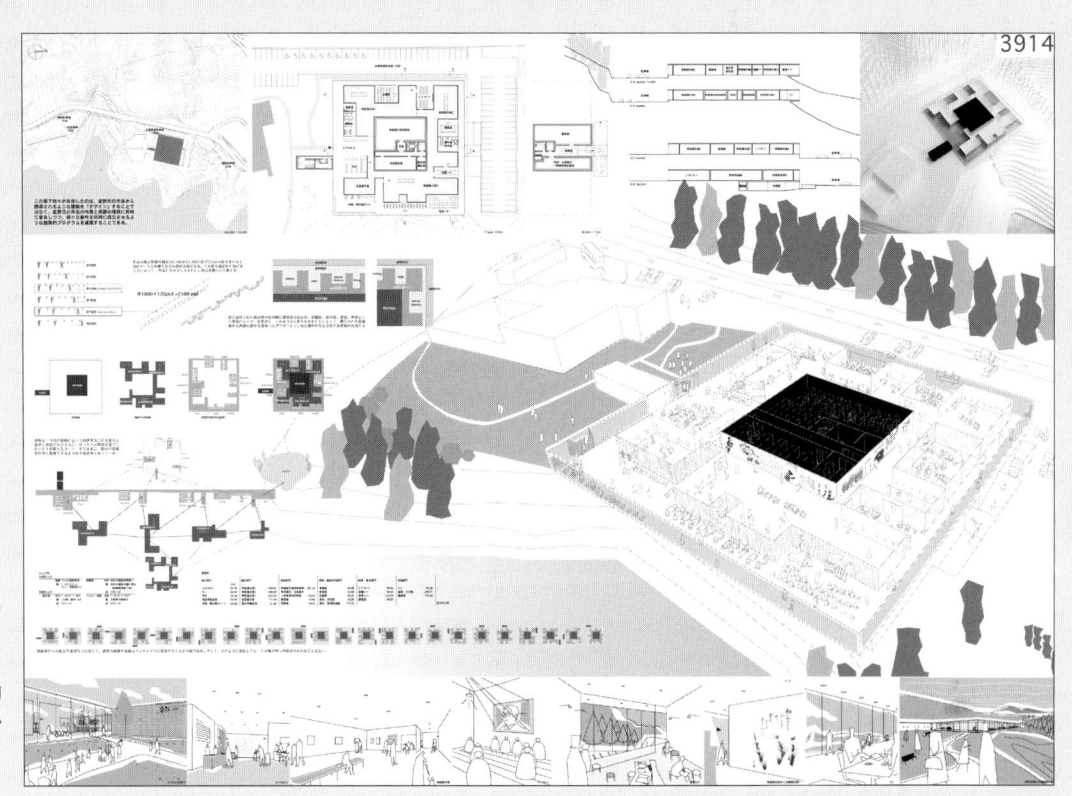

**新富弘美術館
国際設計競技佳作案**
佐藤光彦／2001
山に囲まれた湖の畔に位置する、画家の個人美術館に対する設計競技の佳作案。図面は上部にコンパクトにまとめられ、全体の構成がわかるように、屋根を透明に扱った二点透視図が中央に大きく描かれている。下段には、各部屋を説明するスケッチが一列に並べられている。

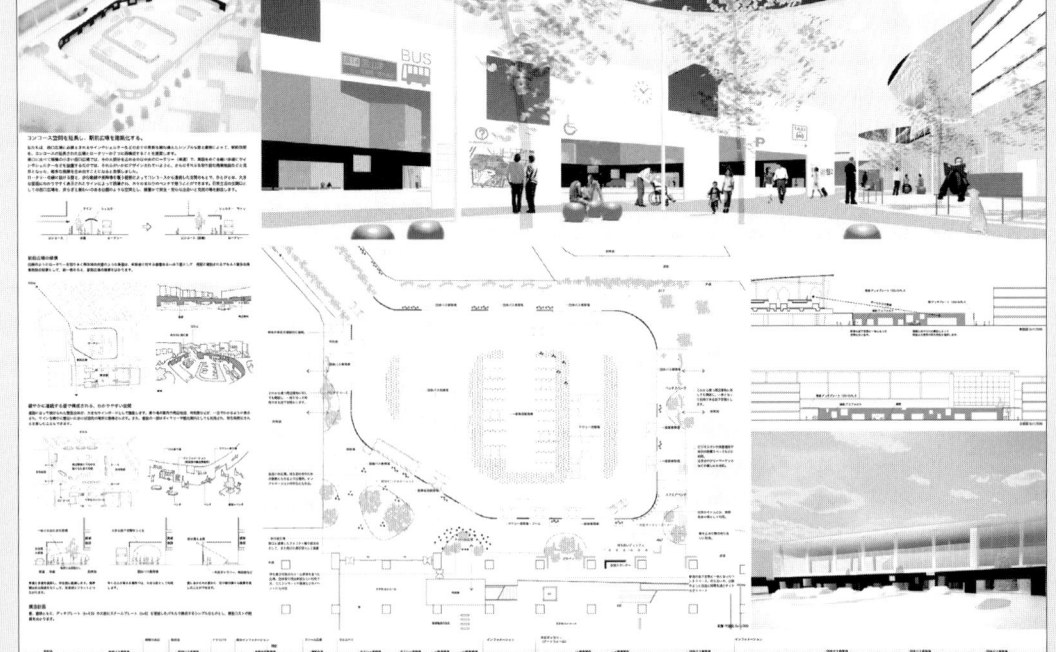

**くまもとアートポリス
熊本駅西口駅前広場
設計競技最優秀案**
佐藤光彦／2008
ロータリーを囲むように整備される駅前広場に対する設計競技の当選案。CGで描かれた透視図が大きく上部にレイアウトされ、目を引いている。左側に帯状に設計主旨を示す図が描かれ、提案の重要なポイントとなる平面図が中央に配置されている。内容に応じて、模型写真、CG、図面、スケッチを使い分けている。

III 章

デザインと製作

身の回りのものをデザインして、実際の製作に取り組みます。照明、椅子を取り上げ、その機能や素材、構造などを考え、構想・設計・製作のプロセスを学びます。

III-1 デザインとものづくり

デザインに唯一の解はありません。よりよいものを探し出し、具体化してつくるためには、多くの知識と時間と手間が必要となります。ここではものをデザインすることと、つくることの過程を学びます。

デザイン

Designの語源は、ラテン語のdesignareであるとされ、「de：下に＋sign：印を付ける」→「下描きを描く」→「設計する」といった意味をもちます。狭義の意味でのデザインは、建築や工業製品、服飾などにおいて、実用性を考慮しながら造形作品を意匠することを指し、芸術・美術的な意味を含んでいます。広義には、解が1つではなくさまざまな可能性をもつ課題に対して、どのような概念・理念、方法・手段によって、よりふさわしい独自の解を見出し、組み立て、表現するかを考え、提案することをいいます。単に表面的に美しく見せることや飾り立てること、他との差別化を図ることなどとは明確に区別されるものです。

デザインの歴史

18世紀に興った産業革命は、ものの生産方式を大きく変化させただけでなく、新しい材料や技術と結び付き、従来にない製品を生み出す一方で、大量生産・消費による商品の低価格化と劣化を招きました。機械化により、美しさや技術的精度よりも安価であることや製造のしやすさなどに重点が移り、つくり手の美意識や職人の技術は失われ、人々の生活も効率重視へと傾いていきました。この中で、日常生活における豊かな精神文化が失われていくことへの懸念から、デザインの意識を取り戻す運動がはじまりました。この運動はアーツアンドクラフツ運動と呼ばれ、機能性と美、人間的な温かみを兼ね備えながら量産可能な工業製品、商品としても魅力をもった芸術的付加価値のある製品をつくり出そうとするものでした。ウィリアム・モリスからはじまった近代デザインの芽生えは、その後、ヘルマン・ムテジウスらに引き継がれ、バウハウスの誕生へとつながりました。

4つの要素

デザインする対象のほとんどは実用品です。そのため、さまざまな角度から実用性を考えておく必要があります。それらは大まかに4つの要素にまとめられます。

①用途・目的：どのような目的、使用対象者のためにつくるのか。そのために必要な機能は何か。
②使用方法：どのような状況・頻度で使用するのか
③場所・環境：どのような場所・環境のもとで使われるのか
④材料・素材：どのような材料・素材を使うことができるのか

でき上がったものは4つの要素のいずれも満足しなければなりません。しかし、最初からすべての要素を満足させようとする必要はありません。何か1つの要素から考えはじめ、徐々に他の要素も満足できるように修正し、完成度を高めていきます。

つくること

デザインしたものをかたちにしていくためには、図面上での検証や模型による検討、実物大の試作など、さまざまな準備と試行錯誤が必要です。こうしたデザインからものづくりへのプロセスは、小さな工業製品から巨大な建築物や土木構造物まで、大きさや用途を越えて共通するものです。デザインすることは、自分の思いつきや感情を単に描くことではなく、具体的につくるという責任を担うものでなければなりません。

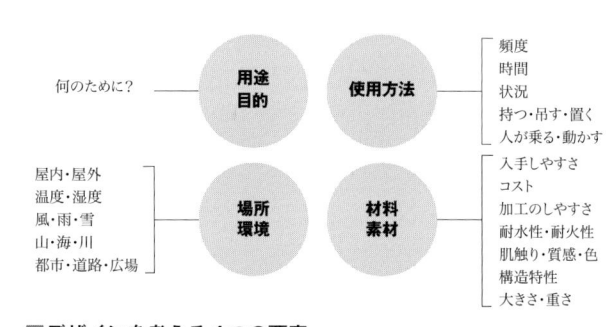

■デザインを考える4つの要素

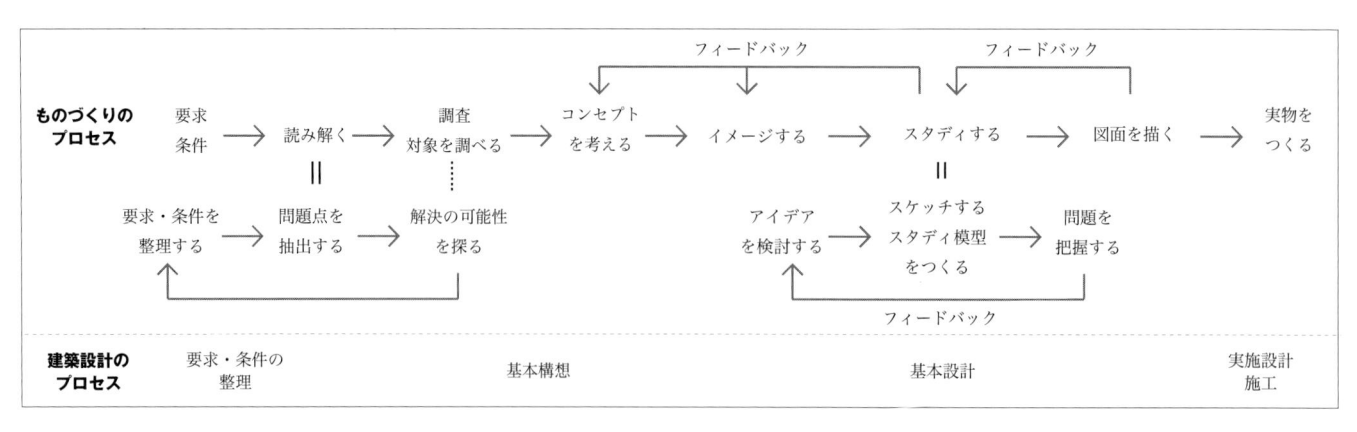

■ものづくりと建築設計のプロセス

III-2 デザインしてつくる

ものをデザインしてつくるためには、いくつかのプロセスを経なければなりません。この過程の中で、多くの問題を1つ1つ解決し、さらには、アイデアを付け加えながら作品をつくり上げていくことになります。1つの案にこだわるのではなく、複数の案を考え、比較・検討しながら進めます。

1 要求・条件

実際にデザインや設計を行う際には、何らかの要求や条件があります。授業では「課題」がこれに当たります。まずは、与えられた課題や条件をよく読み、要求されていることや必要条件を読み解き、どのようなアイデアがあるかを考えることがデザインの第一歩となります。

2 調査 ……………………………………………………[1]

デザインするには、まずその対象をよく知ることが必要となります。デザインの対象となるものに関する資料や本を読み、基本的な知識や歴史、現状の問題点などを調べます。また、類似の事例を参照します。実物を実際に見ることができるとさらに理解が深まります。その際、ただ漠然と調べるのではなく、どのようなものをつくりたいのかというイメージをもっておくことが大切です。

3 コンセプト ……………………………………………[2]

コンセプトは設計主旨とも呼ばれるもので、デザインしてつくるという過程すべてを通し、デザインの軸となるものです。自分なりの着眼点や発想、主張や目標、アイデアの特徴などをまとめ、明解で短い言葉で整理します。

4 スタディ ………………………………………………[3][4]

コンセプトを考えると共に、それを具体的なかたちにします。スケッチや図面を描き、検討用にスタディ模型をつくることを何度も繰り返しながら、1つ1つ問題を解決し、デザインを練り上げていきます。こうした試行錯誤の過程を**スタディ**と呼びます。スタディの過程では、最初に考えていたコンセプトやイメージに立ち戻り、再度検討する必要が出てくることもあります。この過程では、自分の考えを客観的に見つめ、検討することも必要となります。

5 図面を描く ……………………………………………[5]

案がまとまってきたら、どの素材を使い、どのような方法・プロセスでつくるかを検討しながら、図面を作成します。つくるものの仕組みや構造、素材や大きさがわかるように表現します。

6 実物をつくる …………………………………………[6]

図面を基に、実物をつくります。製作に当たっては、その手順や仕上がりを事前に検討します。また、製作に必要な時間、道具、加工方法や技術を有しているかを検討することも必要です。図面上ではうまくできそうに見えても、加工方法が難しかったり、仕上がりが汚くなってしまうことがあります。必要に応じて、部分的な試作をつくることも大切です。

■課題「照明をつくる」を用いたプロセス例

[1] 調査する
本やカタログを読む。また、ショールームに足を運び実物を見る。

[2] コンセプトを考える
身近にある素材の中からストローを使うこととし、その製作方法を検討。ストローに針金を通し成形する方法を検討する。

[3] スタディする
検討を基にスタディ模型をつくり、実際に点灯。

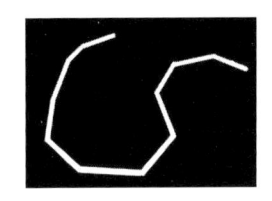

[4] 問題点を把握し、再度スタディする
思ったほどの効果が得られなかったため、ストローを縦に並べて使用する方法を模索。ストローを組み合わせて正六角形をつくり、このかたちを基本としてデザインしていくこととする。

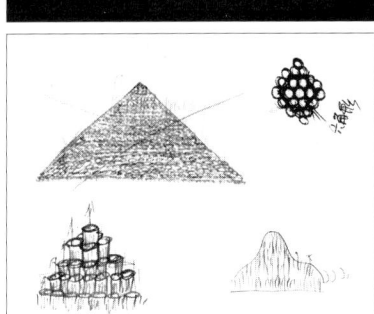

[5] 図面を描く
全体の大きさや光源の位置、支え方などを考えて、実際につくるための図面を作成する。

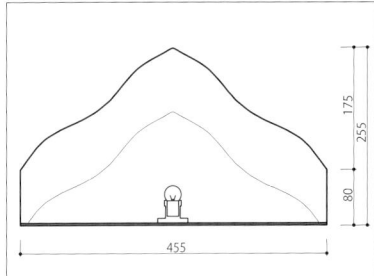

[6] 実物をつくる
実物をつくるために、部分的なスタディやストローの接着方法の検討などを行ったうえで、図面を見ながら実物をつくる。

III　デザインと製作

III-3 照明をつくる

照明は、暮らしを支える身近な生活道具の1つです。照明器具のデザインは、単にそのものの見え方のみではなく、「明かり」という機能を考えることや、それが置かれる空間、その明かりが人に与える印象や影響を考えることでもあります。

明かり

明かりは、大きく自然光と人工光の2つに分けられます。太陽光は自然光の中でも最も生活と関わりが深く、時刻、季節、天候などにより変化します。一方、照明に代表される人工光は、比較的安定した光を得ることができます。

生活の中での光は、その光によってものを見るための「使う光」と、そのものの輝きや明るさで空間を演出する「見せる光」に分けられます。前者では、その場所の明るさを示す**照度**が、後者では、そこから発せられる光量を示す**輝度**が重要となります。

明かりと心理効果

人は太古より太陽とともに生活してきました。人工光の少なかった時代は、昼は活発に活動し、夕方からは落ち着いて休息する時間でした。このことは、私たちの光に対する心理の根本的な印象を形成しています。このため、活動的な場面では高い位置からの青白く（色温度：高）強い（照度：高）光が、落ち着いたりくつろいだりする場面では低い位置からの赤や黄色く（色温度：低）弱い（照度：低）光が適していると一般にいわれています。

照明器具の構成

光る部分（**光源**）、目的に合わせて光を加工する部分（シェードなど）とそれらを支える部分で構成されます。光源には、燃焼発光（電球類）、蛍光発光（蛍光灯類）、放電発光（放電灯類）、固体発光（LED）などがあります。大きさや形状にもバリエーションがあり、近年では、さまざまな光の色味や自然光に劣らない色の再現性（**演色性**）をもつようになりました。LEDでは色彩演出も可能です。光源は、これらの特徴を把握し、目的に合わせて選択します。

光の加工

光源はそのままだとまぶしすぎたり（グレア）、対象物に強い陰影をつくり出してしまうことがあります。照明器具は、シェードなどを用いて、これらを目的に適した光に加工し、使用するためのものです。イサム・ノグチの「AKARI」（p.59参照）では、光源を和紙のシェードで覆うことで拡散させ、柔らかい光をつくり出しています。また、シャンデリアは、クリスタルビーズやガラスの反射や屈折を利用し、弱い光できらびやかな雰囲気をつくり出します。

■明かりの種類（自然光：太陽、月、星／人工光：たき火、ろうそく、照明器具、建物の明かり）

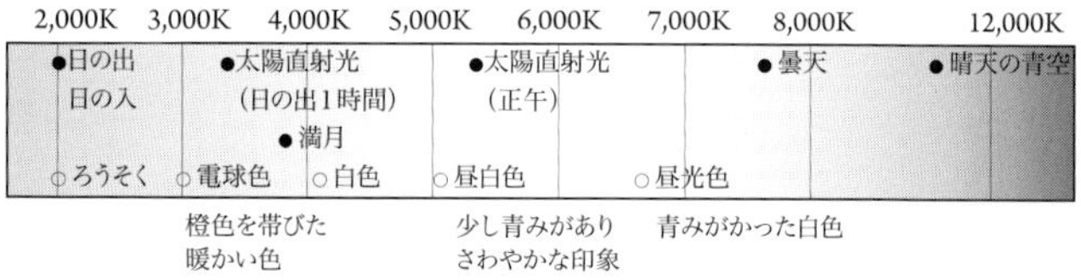

■色温度と心理効果

2,000K	3,000K	4,000K	5,000K	6,000K	7,000K	8,000K	12,000K
●日の出 日の入	●太陽直射光（日の出1時間） ●満月		●太陽直射光（正午）			●曇天	●晴天の青空
○ろうそく	○電球色	○白色	○昼白色	○昼光色			
橙色を帯びた暖かい色		少し青みがありさわやかな印象		青みがかった白色			

■光源の種類

	自然光	人工光［一般照明］				
名称	太陽、天空光 月、星	ろうそく	白熱電球	蛍光灯	メタルハライドランプ	LED
特徴	あたたかい、美しい、コントロール困難	やさしさ、ゆらぎ	低照度で心理的な暖かさ	高照度でさわやか、日本人には好まれている	高輝度で太陽光と色温度が近い、強い光	わずかな電力で発光、高輝度、低電圧、省電力
調光			容易	比較的困難	困難	容易
色温度	2000-10000	2000	2600-2900	2800-6700	3000-5000	2800-9000
演色性	Ra100	Ra100	Ra100	Ra100	Ra85-95	Ra70-92

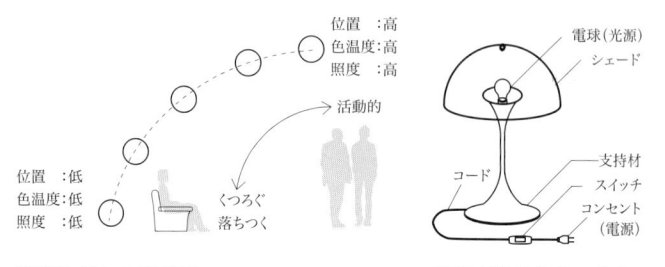

■明かりと心理効果（位置：高／色温度：高／照度：高 → 活動的／位置：低／色温度：低／照度：低 → くつろぐ、落ちつく）

■照明器具各部の名称（電球（光源）、シェード、コード、支持材、スイッチ、コンセント（電源））

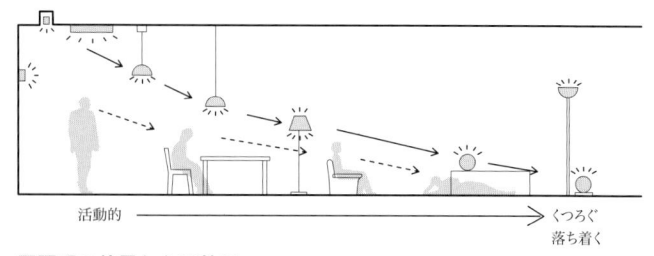

■照明の位置と心理効果（活動的 → くつろぐ、落ち着く）

■照明器具の構成（光る部分（光源）、目的に合わせて光を加工する部分（シェードなど））

■光の加工（加工なし／拡散／上下方向のみ光る）

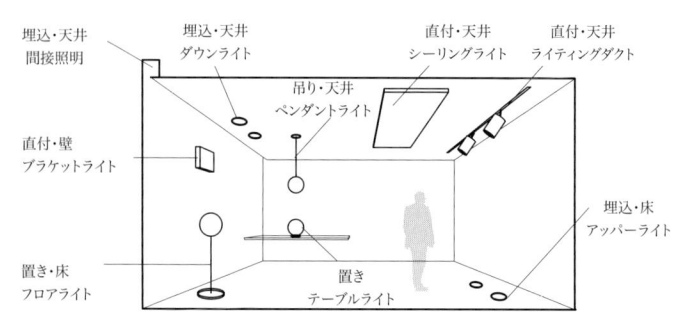

■住宅における照明器具の種類（埋込・天井間接照明、埋込・天井ダウンライト、直付・天井シーリングライト、直付・天井ライティングダクト、吊り・天井ペンダントライト、直付・壁ブラケットライト、埋込・床アッパーライト、置き・床フロアライト、置きテーブルライト）

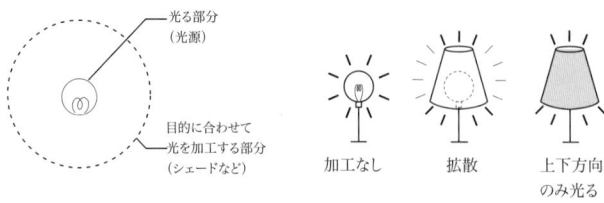

光源

点光源（裸電球やハロゲン）は、発光する部分が小さいため、まぶしさが強く、対象物に強い影をつくるのが特徴です。反射板などを使うと光の方向を変えることができ、指向性が必要なスポットライトなどにも使用されます。

線光源は、オフィスなどで使われる蛍光灯に代表され、方向性をもちます。影は比較的少なく、作業空間に向いています。乳白アクリルのカバーや間接照明によって、面発光に交換して使用されることもあります。

面光源は、影の少ない、均質な光環境をつくります。近年、有機ELという面発光が可能な光源ができ、注目を集めています。

素材とかたち

光を加工するための素材は数多くあり、その特性を理解し使用することが必要です。素材の透明、半透明、不透明など透過度の違いで光の透過率や拡散度が変わります。また、素材の特性は、切る、曲げる、削る、貼る、重ねることで変わります。異なった透過性の素材を組み合わせたり、部分的に動かせる仕組みを考えることで、さらにさまざまな可能性が広がります。身近なものを光にかざしたり、加工してみると、思わぬ光の効果を発見できるかもしれません。素材選びでは、自分で加工できるものを選択することも大切です。

つくる

照明器具のデザインでは、光源の選択や光の加工と共に、安全に目的に合わせ使用できることが大切です。どのような場面で使うのか想定し、それに適した大きさや形状、素材の検討を行います。また、かたちのつくり方、光源やシェードをどのように支える（置く、吊るす、土台をつくるなど）か、光源や電源が発する熱の処理、電球の交換のための仕組み、スイッチの仕掛けやコードの処理など技術的な工夫も必要となります。搬入や運搬の方法も考えて、組立て方を検討します。

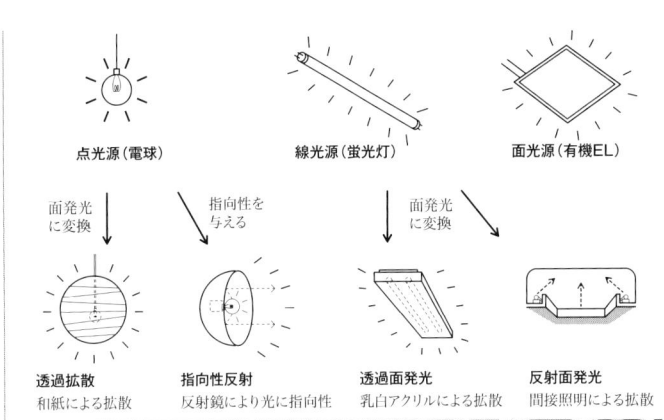

■光源の種類と特徴

点光源（電球）　線光源（蛍光灯）　面光源（有機EL）

面発光に変換　指向性を与える　面発光に変換

透過拡散 — 和紙による拡散
指向性反射 — 反射鏡により光に指向性
透過面発光 — 乳白アクリルによる拡散
反射面発光 — 間接照明による拡散

わろうべの里〈点光源〉　せんだいメディアテーク〈線光源〉　国立新美術館〈面光源〉

■光の透過

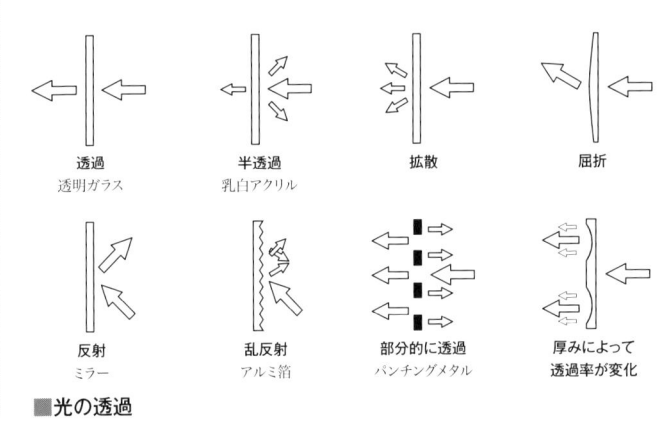

透過 — 透明ガラス
半透過 — 乳白アクリル
拡散
屈折
反射 — ミラー
乱反射 — アルミ箔
部分的に透過 — パンチングメタル
厚みによって透過率が変化

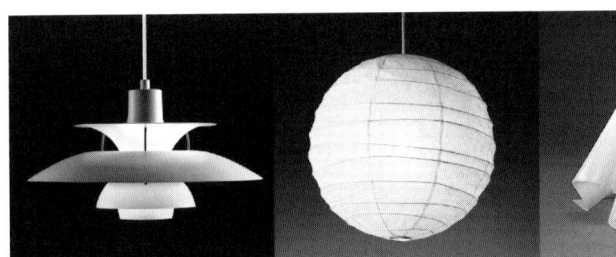

PH5 シリーズ
ポール・ヘニングセン／1958
アルミ・ガラス
H：285　φ：500
シェードの反射を使った事例。グレアを抑えつつ間接光を生み出している。

AKARI
イサム・ノグチ／1951
竹・和紙
H：535　φ：450
岐阜提灯がモチーフ。和紙を透過した柔らかな光が特徴。

Kシリーズ（別名：オバQ）
倉俣史朗／1972
鋼塗装仕上げ・アクリル
H：585　φ：700
薄い乳白アクリルを使った浮遊感のある形状が特徴。

Taraxacum
A・カスティリオーニ／1988
アルミ
W：430　D：520　H：460
鏡面アルミニウムのベースにオリジナルのランプを露出させて接続。

ToFu
吉岡徳仁／2000
アクリルサンドブラスト仕上げ・アルミ
W：365　D：76　H：295
豆腐がデザインコンセプト。透明感とエッジからの光が特徴。

課題｜照明をつくる

明かりの機能を考え、照明器具をデザインして実際に製作しなさい。

条件：
● 長時間点灯しても安全なこと、光源の交換ができること
● 素材や形状は自由

提出物：[1] プレゼンテーションボード（A2判2枚程度）
● タイトル、製作主旨
● 寸法と形状がわかる図面
● 点灯時の写真
[2] 実物の照明器具

III-3 | 照明をつくる

「照明をつくる」を実例として、プレゼンテーションの方法やボードのつくり方を流れに沿って説明します。

1 | コンセプト・タイトル ……………………………………[1]
コンセプトを簡潔な文章にまとめます。デザインの基となるイメージや全体の構成などは図（ダイアグラム）にまとめると相手に伝わりやすくなります。提案を端的に表現したタイトルを考えます。

2 | 図面を描く ……………………………………………[2]
製作図面や実物を基に、どのような図面（平面図、断面図、アクソメ図など）を描くと提案の特徴が表現できるか考え、図面を清書します。図面には大きさやかたちがわかるように寸法を記入します。

3 | 模型（実物）写真の撮影 …………………………[3]
撮影時には黒い布や紙などを背景に使用します。暗い場所で撮影する際は、ぶれないように三脚などを用いて撮影します。晴れた日の早朝に外に出て撮影すると、やわらかで自然な光と影のある写真が撮れます。いろいろな角度から撮影し、その中から全体像や特に伝えたいところがわかる写真を選びます。

4 | レイアウト（p.52 参照）
コンセプト、タイトル、図面、模型写真などを図面や文字の見やすさを考えたうえで、どのように配置すると効果的か検討します。

5 | プレゼンテーションボードの作成 ……………………[4]
不足している図や図面などがあったら作成し、レイアウトします。すべて配置し終わったら、図面タイトルなどを記入します。パネルから少し離れたところから見直し、全体のバランスや文字の大きさなどを確認します。色のトーンを揃えたり、ルールを決めてレイアウトすることで、画面に統一感が生まれます。

[1] コンセプトをまとめる
基本となる正六角形の構成方法をダイアグラムで示す。

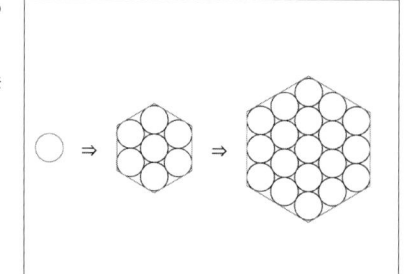

[2] プレゼンテーション用図面の作成
3種類の長さのストローを高さを変えて接着し、なだらかな曲面をつくるようすや、照明器具の構成を最もよく表す断面図を作成する。

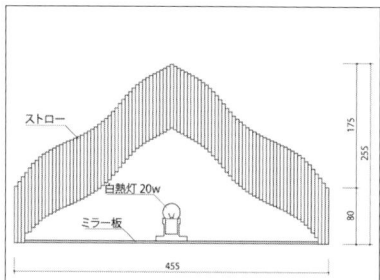

[3] 写真を撮る
白い半透明が生み出す繊細な光を撮影するために、黒い布を背景にして撮影。全体像がわかる写真、光のグラデーションがわかるような点灯時のアップ写真などを撮影する。

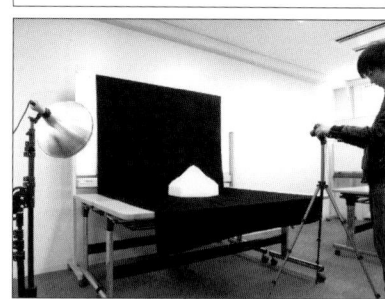

[4] プレゼンテーションボードの製作
照明の特徴を最もよく示す写真4点を中心に、ダイアグラムや図面、タイトルを配置。図面やダイアグラムの大きさを考えながら、3つの大きなエリア分けをして配置する。

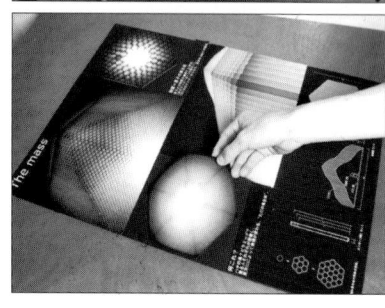

作品例

BUG
佐藤太輝
主な材料：
ビー玉
ビー玉を覗き込むと画像が反転する性質を利用し、ビー玉による2層の球状のシェードに光源を入れ照明とした。内殻と外殻の組合せで、多様な表情を実現している。

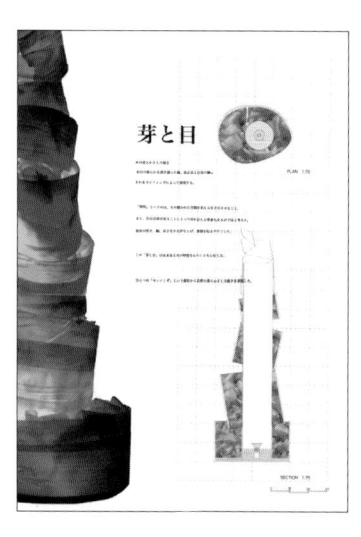

芽と目
的場弘之
主な材料：
かんなくず
薄く削った木が光を透過させることに着目した照明。図面に写真をコラージュすることで素材感をわかりやすく表現している。

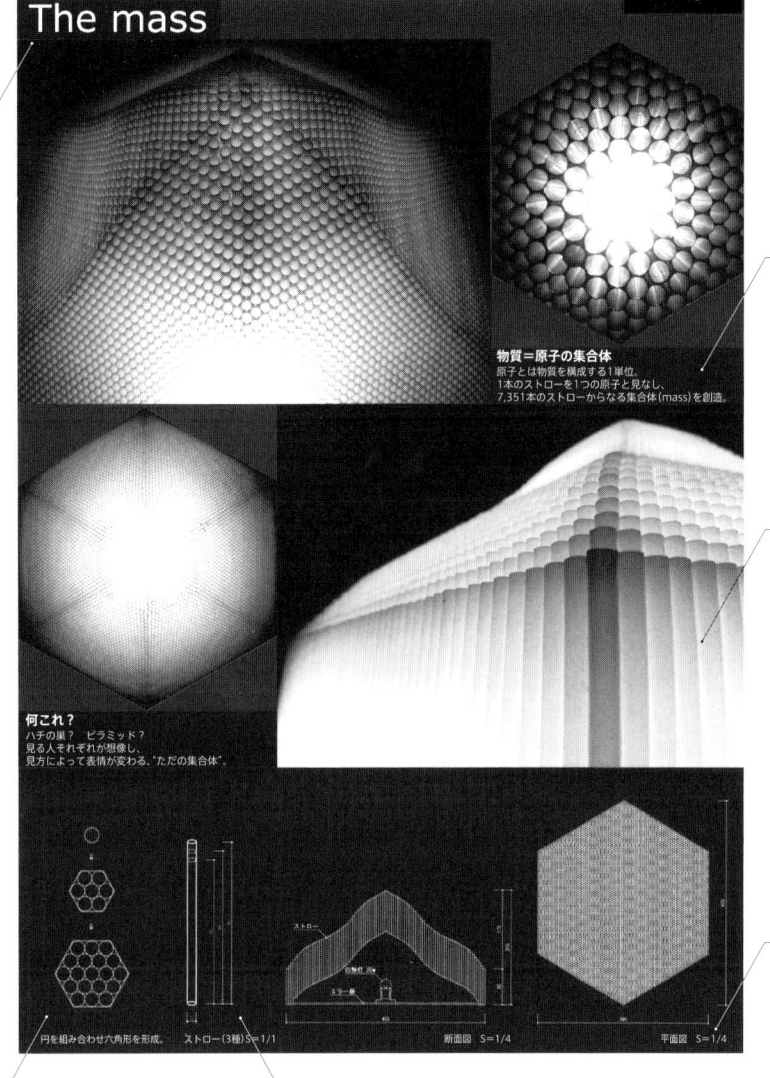

III-3 ｜ 照明をつくる

The mass

タイトルを付ける

コンセプトは明解に
わかりやすく説明する

物質＝原子の集合体
原子とは物質を構成する1単位。
1本のストローを1つの原子と見なし、
7,351本のストローからなる集合体(mass)を創造。

見せたいところは大きくして
作品の特徴を表現する

何これ？
ハチの巣？ ピラミッド？
見る人それぞれが想像し、
見方によって表情が変わる、"ただの集合体"。

図面タイトル、縮尺を表記

円を組み合わせ六角形を形成。　ストロー(3種)S=1/1　断面図 S=1/4　平面図 S=1/4

ダイアグラムによって
アイデアをわかりやすく表現

詳細部分は図面の縮尺を
大きくして説明する

The mass
太細雄介
主な材料：ストロー

照明という身近なものを、身近な素材を用いてつくろうと考えた。1本では照明として成り立たないこの素材を、大量に集積することで照明として成立させている。平面で見ると円であるストローを、規則的に組み合わせていくことで正六角形を構成する。断面では組合せ方を段階的に変えていき、なだらかな曲線をつくり出す。半透明であるストローでつくられたこの照明は、見る角度によって光の透過率が変わり、光のグラデーションを生み出している。

作品例

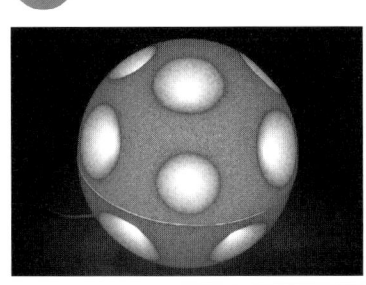

聖なる光 ～ル・トロネ修道院より
夏山秀吉
主な材料：発泡スチロール
ル・トロネ修道院のわずかな隙間から溢れ出る光を表現。すり鉢状に削った穴からはグラデーションの光があふれ、また調光によって時間に応じて変化する光を表現。

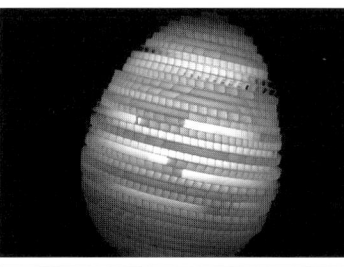

JIGSAW EGG
宗田健太郎
主な材料：プラスチック段ボール
積層したプラスチック段ボールがそれぞれ動き、シェードの穴の形状が自由に変わることで、明かりの形状や明るさの状態が多様に変化する。

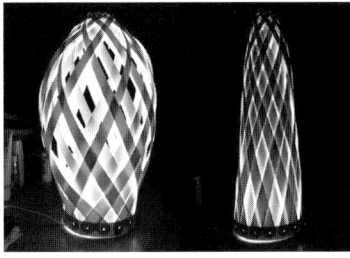

籐灯細工
朝妻仁哉
主な材料：紙
シェードのかたちを変えることができる照明。網目状に組んだシェードを回転させると、網目が広がったり、狭まったりし、表情の違う光が生まれる。

CLIP 3872
後藤郁
主な材料：クリップ
日常よく利用する、クリップを用いてつくった。光源が見えないようにクリップの囲いを2重とした。普段のクリップからは想像の付かない、複雑で美しい光を放つ。

III　デザインと製作

III-4　椅子をつくる

椅子は私たちの生活の中で最も身近な家具の1つです。椅子には、人間の体重を支える安定した構造が必要です。こうしたことからも、建築と椅子のデザインには共通する部分が多くあります。素材やかたちの既成概念にとらわれずに、世界のどこにもない椅子づくりに取り組みます。

座る

人が生活の中で取る基本的な姿勢は、「立つ、座る、寝る」の3つです。人が座っている時間はとても長く、このため、椅子の構造は人の身体の構造や寸法に大きく関わっています。19世紀半ばまで、日本では畳や板張りにそのまま座る生活スタイルでしたが、西洋文化の生活スタイルの浸透により、現代では食事、仕事など、生活の多くの場面で椅子が使われるようになりました。日常生活の中で、どのような場面、姿勢で座っているかを考えます。

姿勢と椅子

用途や目的に応じて、椅子の各部の大きさや形状、素材の使い方などはさまざまです。短時間、腰を掛けるための椅子は、座の高さが高く、背板のつくりなども簡易です。一方、比較的長時間、同じ姿勢を取る椅子では、座や背板は大きく、作業用の椅子では座の位置は高く、やや前傾姿勢に、休息のための椅子では座は低く、やや後傾にデザインされます。

椅子の素材

椅子の代表的な素材は木ですが、現在では、スチールなどの金属類やプラスチック、布、ガラス、紙など多様な素材が使われています。新しい素材や技術を使い、新しいかたちが生み出されてきました。

支えるための工夫

椅子は、体の重みを単に床や地面に伝える（鉛直力）だけでなく、体の動き（水平力）に対しても耐えうる強さをもたなければなりません。耐久性、安全性、快適性を満たす構造を考えながら椅子をつくることは簡単なことではありませんが、力の仕組みを考えて設計をすることで優れた構造の椅子をデザインすることができます。そのためには、さまざまな材料に触れ、その特徴をつかむことが必要になります。

素材と構造

素材によって、強度や弾性の特徴は異なるため、使う素材に適した構造を考える必要があります。たとえば、角材は1本脚だと不安定ですが、3本脚になれば安定します。また、1本脚でも底面積が十分に広くなれば安定し、細い部材も束ねることで同様の効果が生まれます。重心を考えることも必要で、重心が上方にあるものは安定しません。厚紙やダンボールは、それ自身では弱いものですが、十字や△・○形など力を分散できるかたちに工夫することで強くできます。つたや針金など細い棒状のものも組んだり結び合わせると、強度をもたせることができます。また、方向によって強さに違いがあるものは、強い部分を強調して組み合わせることで強度が出ます。また、他の用途に使われているものの特性を活かして椅子とするアプローチもあります。紙コップのように小さく弱いものも、組み合わせることで大きく強いものとなるし、ゴムボールのようにまとまりにくいものも包めばひとまとまりになります。

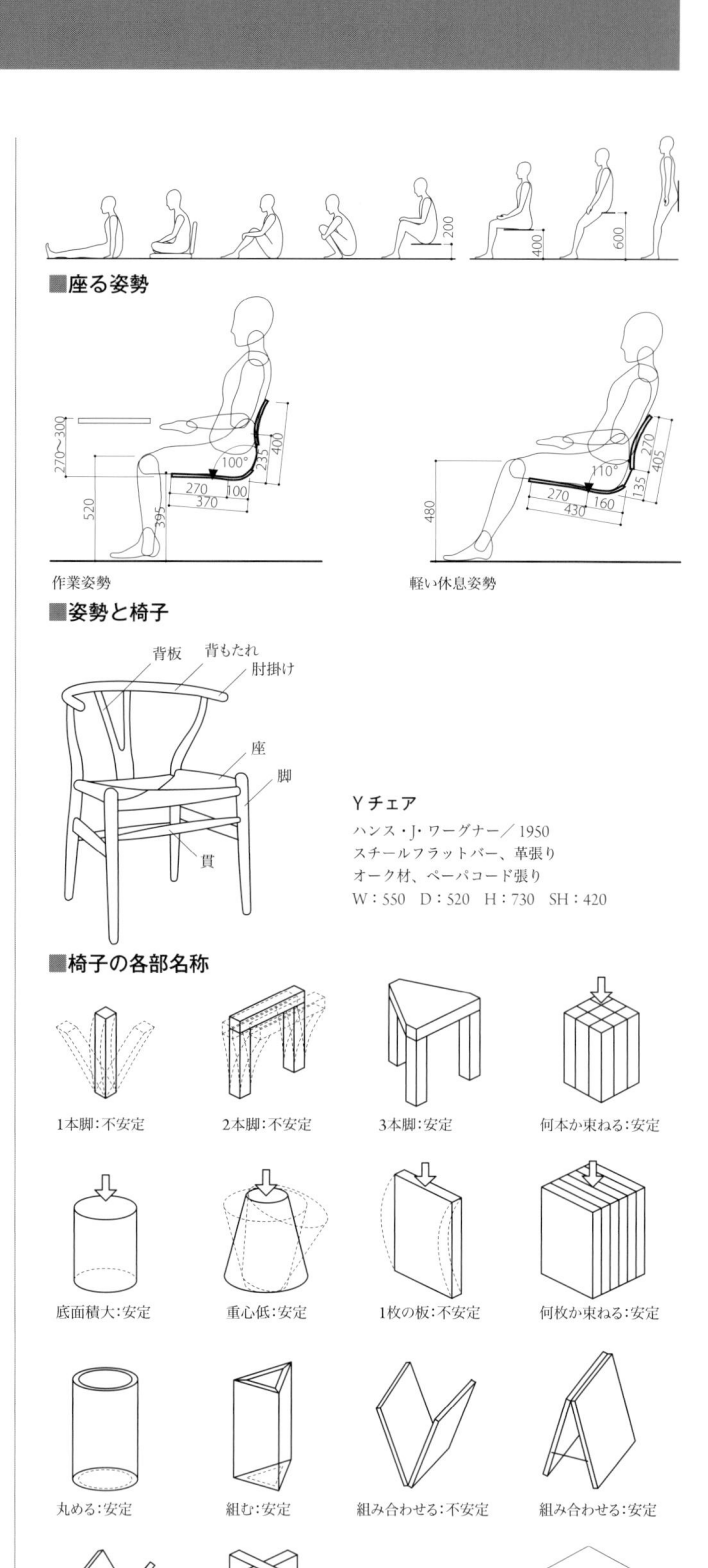

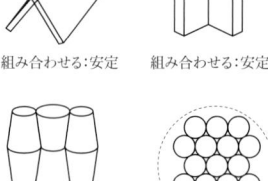

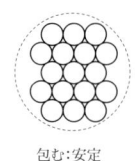

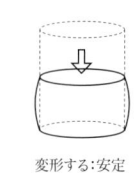

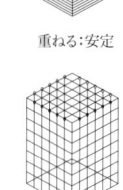

■座る姿勢

■姿勢と椅子

作業姿勢　　　軽い休息姿勢

Yチェア
ハンス・J・ワーグナー／1950
スチールフラットバー、革張り
オーク材、ペーパーコード張り
W：550　D：520　H：730　SH：420

■椅子の各部名称

1本脚：不安定　　2本脚：不安定　　3本脚：安定　　何本か束ねる：安定

底面積大：安定　　重心低：安定　　1枚の板：不安定　　何枚か束ねる：安定

丸める：安定　　組む：安定　　組み合わせる：不安定　　組み合わせる：安定

組み合わせる：安定　　組み合わせる：安定　　　　　　重ねる：安定

組み合わせる：安定　　包む：安定　　変形する：安定　　組む：安定

■素材と構造

III-4 椅子をつくる

つくる

椅子のデザインでは、安全に座ることが何より大切になります。素材や構造が決まったら、実際に近い素材を使った縮小模型をつくったり、扱いやすい素材で現寸模型をつくることで、大きさや各部の寸法、色、接合部などの検討を行います。どのような場面で使うのか、また、もち運びや収納についても考えたうえで、最終的なかたちを決定します。接合部の処理を隠すなどの工夫をすることで、さらにきれいに仕上がります。

■椅子の種類

スツール：座面だけの椅子
60
アルヴァ・アアルト／1933
バーチ材
W：380　φ：350　H：440

チェア：背のある椅子、肘掛け付もある
チェア No.14
ミヒャエル・トーネット／1859
ビーチ材、籐
W：370　D：490　H：850　SH：460

イージーチェア：休息用の椅子
バルセロナ・チェア
ミース・ファン・デル・ローエ／1929
スチールフラットバー、革張り
W：750　D：750　H：705　SH：420

ソファ：間口を広げたイージーチェア
マシュマロソファ
ジョージ・ネルソン／1956
スチール、革張り
W：1320　D：740　H：790　SH：410

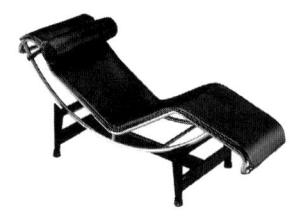

寝椅子：身体を横たえ休息する椅子
LC4
L・コルビュジエ、P・ジャンヌレ他／1928
スチールパイプ、革張り
W：605　D：1,630　H：665　SH：535

フォールディングチェア：折りたたみ可能
MKチェア
モーエンス・コッホ／1932
ビーチ材、布、革張り
W：530　D：500　H：800　SH：445

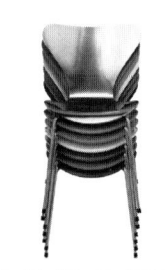

スタッキングチェア：積み重ね可能
セブンチェア
アルネ・ヤコブセン／1955
成型合板、スチールパイプ
W：500　D：520　H：750　SH：440

■素材の特徴を活かした椅子

スチールパイプの片持ち梁構造
カンチレヴァー・チェア No.S33
マルト・スタム／1926
W：500　D：670　H：850　SH：460

スチールメッシュの三次元曲面
ダイヤモンド・チェア
ハリー・ベルトイア／1952
W：850　D：750　H：750　SH：460

合板の曲面加工
イームズプライウッド LCW
チャールズ＆レイ・イームズ／1945
W：495　D：535　H：750　SH：430

アクリルによる立体成形
ミス・ブランチ
倉俣史朗／1988
W：500　D：525　H：840　SH：420

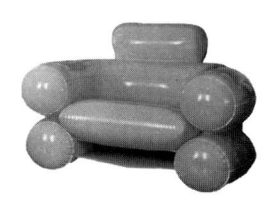

PVCの空気膜で全体を構成
ブロウ・チェア
J・デ・パス、D・デュルビーノ他／1967
W：1,110　D：950　H：830　SH：470

紐を編んで座面を構成
ノッテッドチェア
マルセル・ワンダース／1996
W：530　D：640　H：730

段ボール状の板（ハニカム）を積層
ハニー・ポップ
吉岡徳仁／2001
W：800　φ：740　H：830

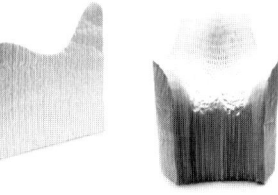

課題｜椅子をつくる

椅子の機能を考え、椅子をデザインして実際に製作しなさい。

条件：
- 座っても壊れない安全なものであること
- 製作場所から提出場所までもち運べること
- 素材や形状は自由

提出物：[1] プレゼンテーションボード（A2判2枚程度）
- タイトル、製作主旨
- 寸法と形状のわかる図面
- 人が座っている写真

[2] 実物の椅子

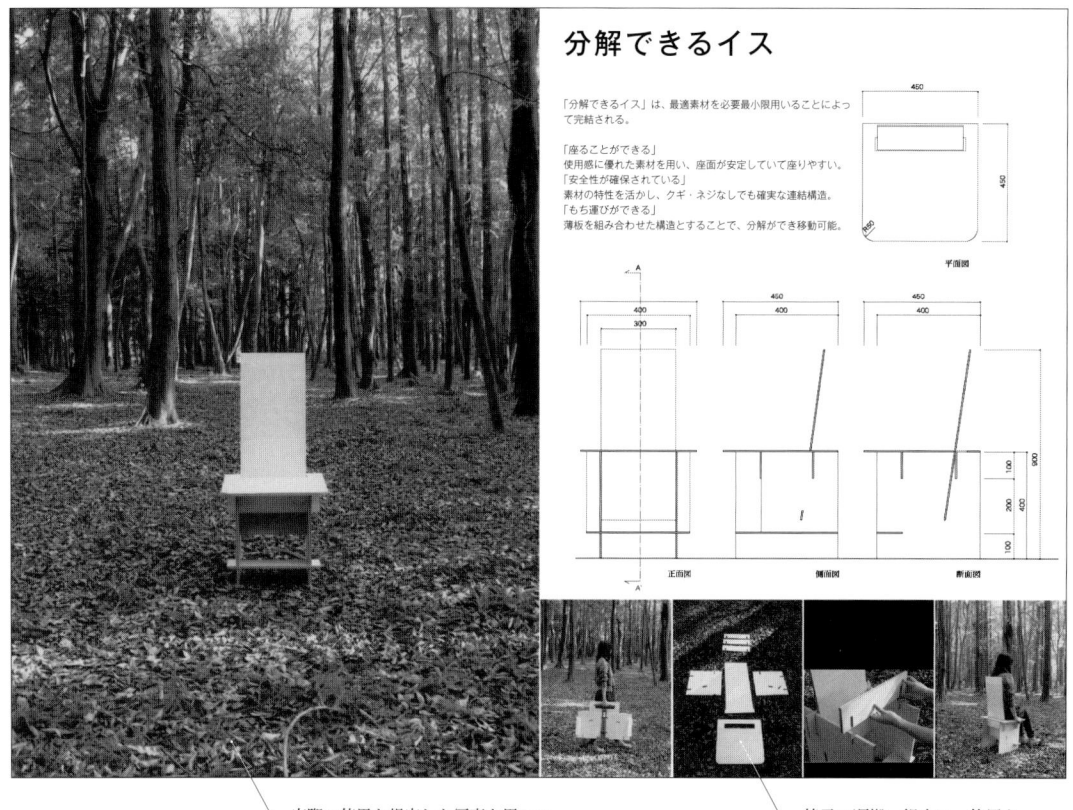

III-4 | 椅子をつくる

分解できるイス

「分解できるイス」は、最適素材を必要最小限用いることによって完結される。

「座ることができる」
使用感に優れた素材を用い、座面が安定していて座りやすい。
「安全性が確保されている」
素材の特性を活かし、クギ・ネジなしでも確実な連結構造。
「もち運びができる」
薄板を組み合わせた構造とすることで、分解ができ移動可能。

平面図　正面図　側面図　断面図

― 実際の使用を想定した写真を用いて椅子のイメージを伝えている

― 椅子の運搬、組立て、使用を写真を使って説明

分解できるイス
中田有紀
主な材料：シナ合板
強度があり、加工がしやすく、ある程度軽い素材として12mmのシナ合板を選び、組み立てる際にクギや金物、接着剤をいっさい使わずにつくることをコンセプトに、かたちや組立て方を考えた。もち運びについても検討し、背板を組むための座面の穴がもち手にちょうどよいことから、かたちを決定した。

作品例

KD チェア
阿部雅一
主な材料：シナ合板
すべての部材を1枚の板から切り出し構成している。組立て式とし、もち運びが容易なかたちとしている。

Doors Shell
宍倉健人
主な材料：プラスチック段ボール
収納時は板状にたたまれ、23枚の羽を広げると、貝のようなシルエットをもつ椅子へと変わる。プラスチック段ボールの縦方向の力への耐力と、美しさを活かしてデザインしている。

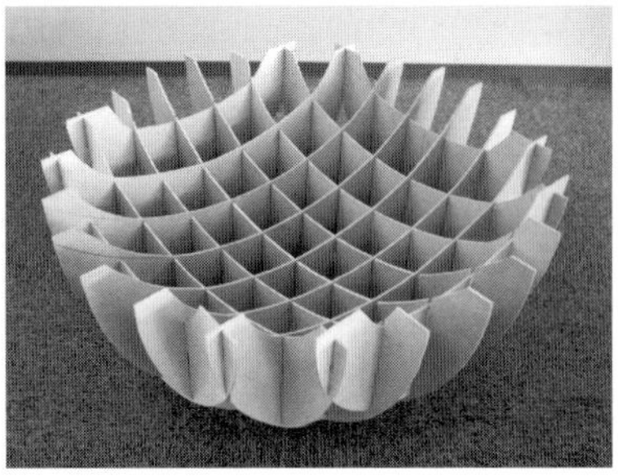

Wood Lattice
佐藤利成
主な材料：MDF
円弧上に切り出した部材をラティス状に組むことで強度をもったかたちを構成した。天地を逆にすることで築山状の椅子として使用することもできる。

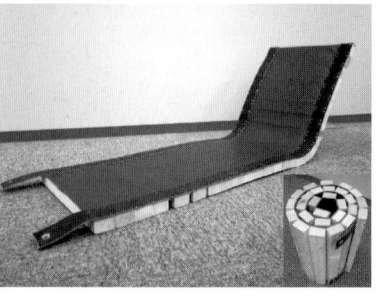

Vortex
川尻洋平
主な材料：皮、木材
棒状の木材を皮によりつなぎ合わせることで椅子とした。座面から背板を構成する曲線部分は、木材の断面を台形とすることで、広げた際に自然と曲線を構成するようデザインしている。

III　デザインと製作

IV章

空間のデザイン

空間のデザイン方法を学び、4m × 6m × 9m の大きさの中で、
建築空間をデザインします。
スタディ模型のつくり方やアイデアの特徴を伝えるための図表、
図面の描き方などを学びます。

IV-1 空間の考え方

「空間」という言葉は①物体が存在しない、相当に広がりのある部分。あいている所。②(space)と定義されます(『広辞苑』)。また、「space」は、場所、余地、余白といった多様な意味合いをもちます。建築における空間、「建築空間 (architectural space)」は建築の壁体、天井、床などで限定される空間を指す言葉として使われます(『建築大辞典』)。建築のデザインは、この「建築空間」を対象に行われ、人びとの活動や営みといった目に見えない部分もデザインの対象とすることが特徴です。

空間をつくる要素

空間の印象は、かたちや大きさ、プロポーション、素材感や感触、光や色など、その空間を形成するさまざまな要素に影響を受けます。また、空間の位置や他のものとの関係も空間の印象の決定に大きく関わります。

点・線・面・立体と空間

「点」の集合体が「線」になり、「線」の集合体が「面」になり、「面」の集合体が「立体」になります。それぞれ、点には位置、線には長さや方向性、面には輪郭や面積や表面、立体には奥行きや体積などの幾何学上の特性があります。それらの関係性によって、空間はかたちづくられます。

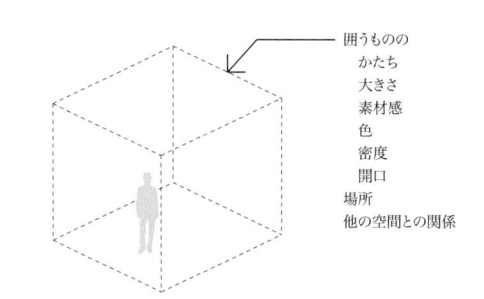

■ 空間をかたちづくる要素

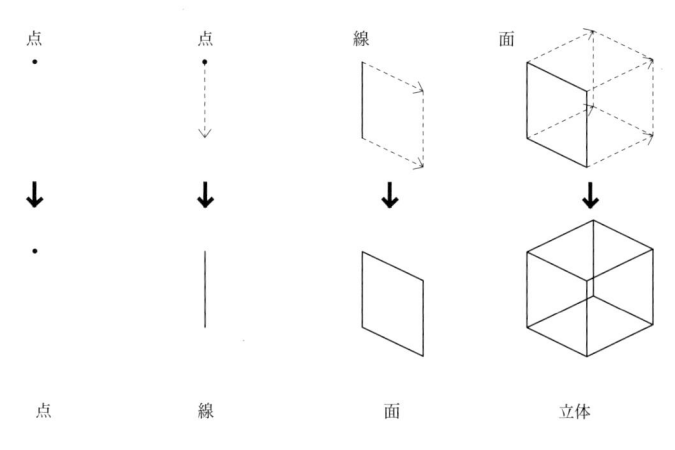

■ 点・線・面・立体と空間

column 比例

人体を規範とした比例理論

古来より、美しいものには優れた比例の関係が存在するとされ、さまざまな比例関係が定義されてきました。中でも、人体は美しさや完全なものの規範とされ、人体寸法から寸法体系や比例関係の定義付けが行われてきました。レオナルド・ダ・ヴィンチは人体のプロポーション(調和のとれた比例)と動作寸法を円と正方形に当てはめて分析しています。また、ル・コルビュジエは人体寸法を基に**黄金比**で構成したモデュロール(modulor)を提唱し、それを「人体の寸法と数学の結合から生まれた、ものを測る道具」としています。

√n のプロポーション (J.Hambidge による提唱)

人が形状の対比を感じるのは、長さの対比よりも広さの対比であるとし、$1:\sqrt{2}$、$1:\sqrt{3}$……となる辺をもつ矩形を調和の基本(基礎矩形)としました。中でも $\sqrt{2}$ 矩形($1:1.4142$)は、最も基本的で、古来より神殿や寺院の建築形態に用いられてきました。

黄金比とフィボナッチ数列

黄金比は安定したプロポーションをもつとしてヨーロッパでは古くから用いられてきました。$1:(\sqrt{5}+1)/2 = 1:1.618$ という比率で、これはフィボナッチ数列に由来します。この黄金比で分割したものを黄金分割といい、縦横の比がこの値となる矩形は、黄金比矩形と呼ばれ最も美しいとされています。ル・コルビュジエは立面や空間の形状を決める際、積極的に黄金比を用いたといわれています。

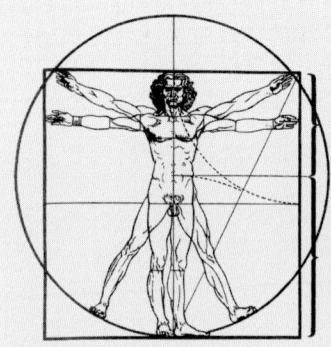

人体のプロポーション (レオナルド・ダ・ヴィンチ)

モデュロール (ル・コルビュジエ)

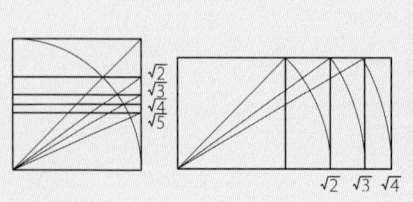

基礎矩形

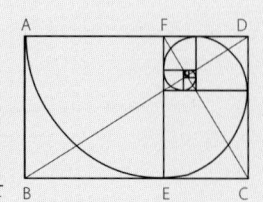

黄金比 $\dfrac{AD}{AB} = \dfrac{AB}{CE} = \dfrac{\sqrt{5}+1}{2} = 1.618$

IV-2 空間をデザインする

壁や床、天井の大きさや位置、開口部の形状などによって、建築空間の印象は大きく変わります。点や線から受ける意識や面によってつくられる空間の特性、空間の形状や開口部の形状などから受ける印象などから、建築空間のデザイン方法について考えます。

点要素と線要素

何もない空間に点要素が置かれると、そこに空間が認識されます。日本庭園の石などをイメージすると想像しやすいかもしれません。また、点要素がある一定の距離をもって置かれると、空間の境界が意識化されます。線要素では、空間の境界がより明確化されます。線要素は密に並んでいくと、面的な印象を与えます。

| 1つの点により認識される空間 | 複数の点により意識化される境界 | 線により、明確化する領域 |

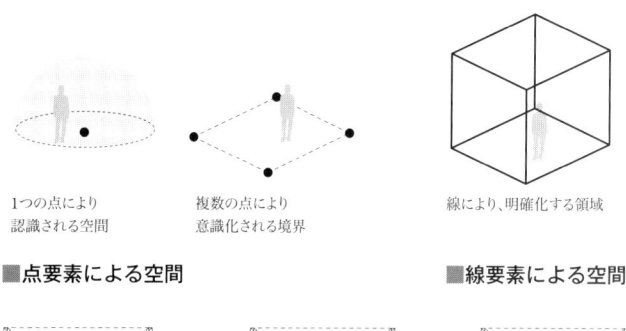

■点要素による空間　　■線要素による空間

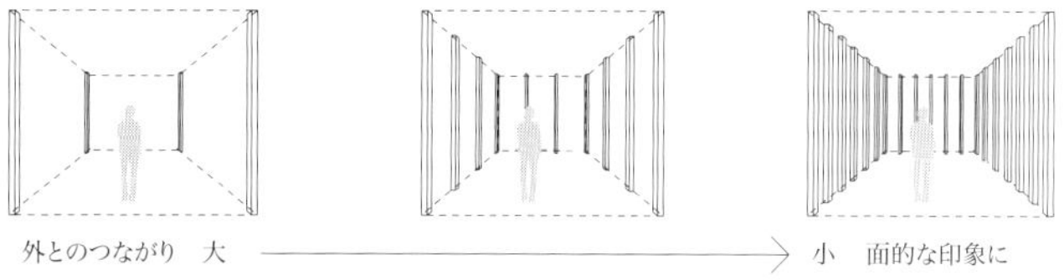

外とのつながり　大　→　小　面的な印象に

■線要素の密度による空間の変化

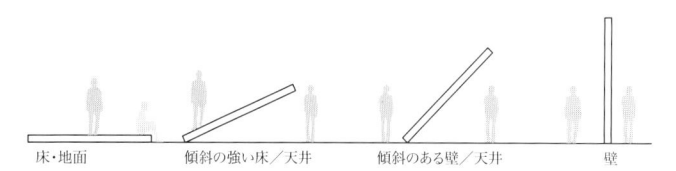

1枚の面による空間

1枚の厚みのある面が地面に置かれた状態では、床や腰掛けることができる小さな段差となるだけですが、その一端をもち上げていくと、地面との間に隙間が生まれ、ある高さになると下方に人が入れるようになります。このとき、面の下方からは天井のように感じられ、上方からは人が歩ける傾斜のある床となります。さらにもち上げて急勾配となると、上方からは人が歩けなくなり壁という認識が強まり、下方からは奥まった印象が消え、開放性が増していきます。さらに傾けて垂直な状態になると、両側から壁として認識されるようになります。このように1枚の面は床にも壁にも天井にもなります。

また、面の高さによっても特性が異なります。腰を掛ける高さから、高くなるにつれて仕切りとしての認識が強まり、さらに、目線の高さを超えると、壁として認識されるようになります。

床・地面　傾斜の強い床／天井　傾斜のある壁／天井　壁

■1枚の面の傾きによる空間特性

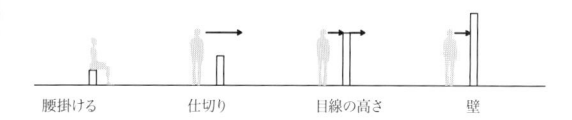

腰掛ける　仕切り　目線の高さ　壁

■1枚の面の高さによる空間特性

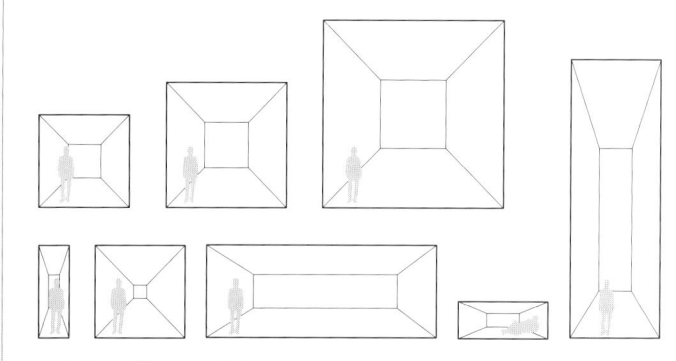

形状による印象

空間は、同じ形状でも大きさが異なると印象が変わります。大きな空間では開放性を感じ、身体に近い大きさの空間では落ち着きを感じます。適切な空間の大きさは、そこでの行為や目的などにより異なります。また、狭い、奥が深い、幅が広い、天井が低い・高いといった空間のプロポーションの違いは、人が空間から受ける印象にとって大きな影響を与えます。

■空間の形状による印象

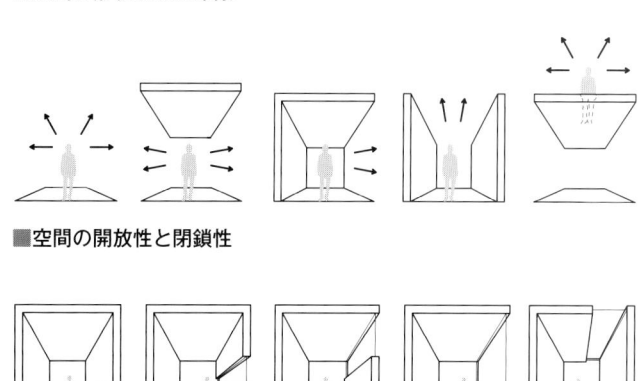

開放性と閉鎖性

四周上下を囲まれた空間は閉鎖性が高いが、囲まれる面が少なくなるにつれ、開放性が増し、空間の境界が曖昧になります。また、開放される面の大きさや方向、数によっても空間の印象は大きく変わります。

開口部の位置や大きさも空間の印象に影響します。特に、開口部からの光は空間に与える影響が大きく、高いところから入る細く強い光は劇的な印象を与え、低く柔らかい光は落ち着いた印象を与えます。また、開口部を通した空間内外の関係性も、開口部の位置や大きさ、透明度などによってさまざまにコントロールできます。

■空間の開放性と閉鎖性

■開口による空間の変化

IV　空間のデザイン　67

境界

布のような柔らかいもので境界（仕切り）をつくると、音は聞こえ気配を感じますが、相手の姿は見えません。ガラスのような透明で固いもので境界をつくると、相手の姿は見えますが、音は聞こえません。また、空間の境界は距離や床の段差などでつくることもでき、離れたり視線がずれるほど関係は疎遠になります。このように、距離感や視線に注目し、それらを調整することで、曖昧で緩やかな関係性のコントロールが可能となります。

ボリューム

壁や床、天井などで区切られた建築空間のまとまりをここでは「ボリューム」と呼びます。単独のボリュームからは、単に内と外との関係しか生まれませんが、複数のボリュームの間にはさまざまな関係をつくり出すことができます。接して配置させれば、両者に強い関係性が生まれ、間隔をあけて配置すると、ボリューム間に新たな空間をつくり出します。互いにずらして配置すると、両方のボリュームに影響を受ける余白的な空間が生まれ、また、重ね合わせると、両者に強く関連付けられた新たな空間が生まれます。

シーンをイメージ

人が実際にどのように動き、どのような変化を感じ、どのような空間体験ができるのかをイメージしてみます。動いているときと止まっているとき、立っているときと座っているときでは、目線の位置・方向が異なり、空間の感じ方も異なります。また、人の感覚は、同じような空間の連続では、実際以上の長さや広さを感じ、たとえば小空間と大空間といったような異質な空間同士の往来では、実際より強い変化を感じます。このように、空間同士の関係性のデザインも、建築の設計では重要な要素となります。

ボリュームの特徴

デザインする空間のボリュームの特徴を考えます。球や立方体の中に建築空間を考える場合は、どこを底面としても空間の特徴に変化はありません。ところが、次頁に示す課題のような3辺の異なる直方体の中に建築空間を考える場合では、直方体をどのような向きに置くかによって内部空間の特性が変わります。平らに置くと高さは抑えられることになりますが、平面的に活用できる領域を大きくとることができ（①）、水平方向に変化や広がりを生みやすくなります。逆に、縦に置くと底面積は小さくなりますが、高さ方向に空間を展開しやすくなります（②）。同じように横（③）や斜め（④）に置くことによっても、特徴の異なる内部空間を考えることができます。

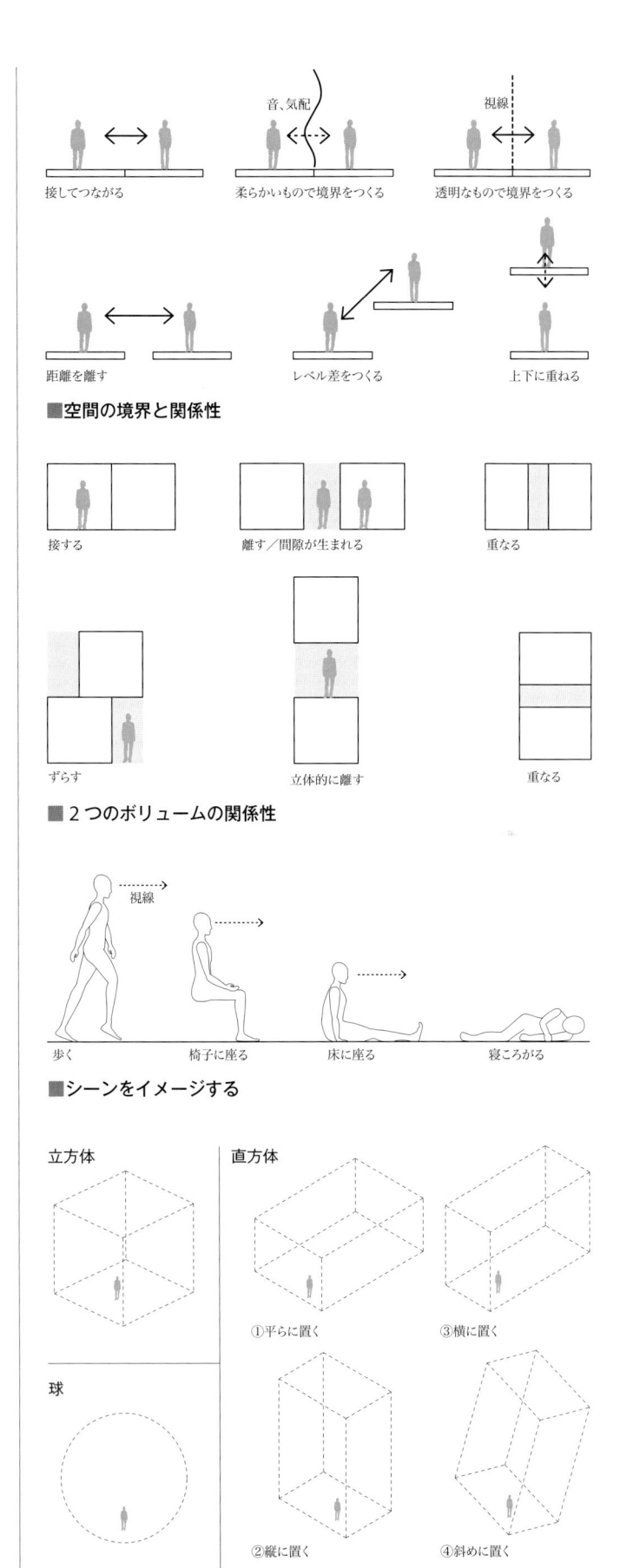

■空間の境界と関係性

接してつながる　柔らかいもので境界をつくる　透明なもので境界をつくる
距離を離す　レベル差をつくる　上下に重ねる

■2つのボリュームの関係性

接する　離す／間隙が生まれる　重なる
ずらす　立体的に離す　重なる

■シーンをイメージする

歩く　椅子に座る　床に座る　寝ころがる

■ボリュームの特徴を捉える

立方体　直方体
①平らに置く　③横に置く
球
②縦に置く　④斜めに置く

形態の操作

内部の空間や人間の行為などから建築のデザインを考えるだけではなく、外観や空間構成などから考えることもできます。これらは形態を考える際に、ある一定のルールやシステムを決定しかたちづくることで、デザインをコントロールしやすくし、形態に秩序と明快さを与えます。これらの操作は建築のデザインにも応用できます。

A｜領域、境界、限界として捉える

ボリュームを領域、境界、限界として捉え、この中を自由に構成します。また、大きなものの一部を領域で切り取るための切り取り線と捉えることもできます。

B｜表層として捉える

ボリュームに薄い外皮があると考えます。外皮と内面が連動して凹凸の関係になる、または内側のルールと関係なく表層が存在するなどの考え方ができます。

C｜塊として捉える

ボリュームを塊として捉え、形態操作をします。たとえば、ボリュームの外形は大きく変えずに、その内部の分割、一部の削除といった操作や、別のボリュームの貫入・付加・挿入、その他にもボリューム自体の変形や反復といった操作もあげられます。

D｜構成要素から捉える

ボリューム全体を部分的な要素の集合として捉えます。線材や面材、小さな立体の繰り返しや積層といった要素を操作し、全体を構成します。

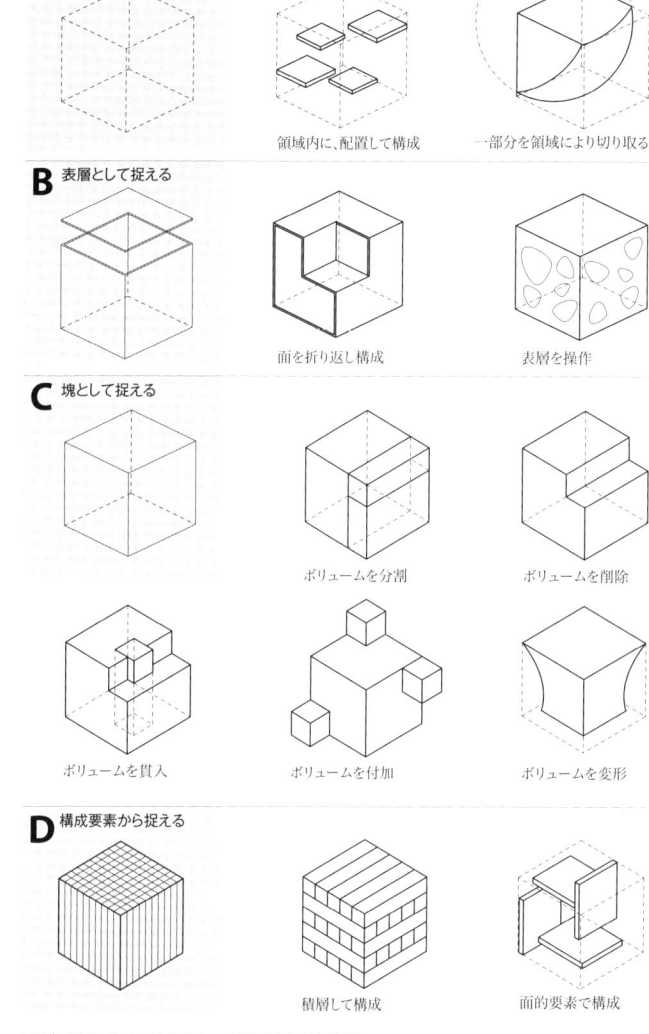

A 領域、境界、限界として捉える
- 領域内に、配置して構成
- 一部分を領域により切り取る

B 表層として捉える
- 面を折り返し構成
- 表層を操作

C 塊として捉える
- ボリュームを分割
- ボリュームを削除
- ボリュームを貫入
- ボリュームを付加
- ボリュームを変形

D 構成要素から捉える
- 積層して構成
- 面的要素で構成

■単純なかたちを使った形態の操作例

領域による切り取り　富弘美術館／ヨコミゾマコト

表層の操作　MIKIMOTO GINZA 2／伊東豊雄

ボリュームの付加　100戸の老人用集合住宅／MVRDV

積層による構成　final wooden house／藤本壮介

課題｜4m × 6m × 9m の空間をデザインする

人が内部に入ってさまざまな空間体験のできる場をデザインしなさい。デザインにあたっては、特に機能や設置場所を指定する必要はない。限られた空間を有効に活用し、自由な発想で空間を設計すること。

条件：
- 4m×6m×9m の空間内で設計すること

提出物：

[1] プレゼンテーションボード（A2判2枚程度）
- タイトル、設計主旨
- 平面図、立面図、断面図（縮尺 1/50）
- 立体図（アイソメ図、アクソメ図）または透視図
- 模型写真

[2] 模型（縮尺 1/30）

IV-3 4m×6m×9mの空間をデザインする

与えられた 4m × 6m × 9m のボリューム内でどのような空間をつくるかを考え、案をかたちにします。

1 発想・検討 ……………………………………………………[1]
4m×6m×9m というボリュームの置き方を考えながら、どのようなコンセプトで空間をつくるのか考えます。はじめから 1 つの案で考えるのではなく、いろいろな案を出してかたちにし、何が特徴的で、どこが面白くなりそうかを検討します。

2 スタディ ……………………………………………………[2]
それぞれの案について小さめの模型（1/50 〜 1/100 程度）をつくります。三次元にしてみることで、空間を捉えやすくなります。スタディを何度か繰り返し、アイデアの方向性が決まったら、ラフな平面図や断面図を描き、スタディ模型 (1/30) をつくります。スタディ模型は手直ししながら修正・検討していきます。

3 図面を描く
自分が空間の内部を動き回ることをイメージし、身体の寸法や動作に必要な寸法を考え、平面図や断面図を描きます。

4 模型の製作、写真撮影 ………………………………[3]
模型は、案に合わせて使う材料を検討します。人形をつくって入れると空間のスケール感がわかります。最も見せたい空間や、案の特徴、全体像がわかるアングルを選んで、模型写真を撮影します。

5 コンセプト・ダイアグラム ………………………[4]
コンセプトをまとめ、それを表すダイアグラムを描きます。全体像がわかる立体図や、内部のシーンがわかる透視図を描きます。

6 プレゼンテーションボードの作成
図面は縮尺によって大きさが決まってくるので、注意が必要です。見やすく、自分の考えを的確に伝えられるように工夫します。

[1] 発想する
4m×6m×9m のボリュームをいろいろな方法で区切り、場を生み出すアイデアを検討。

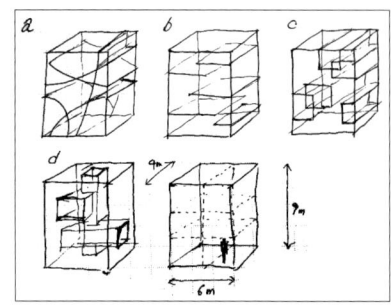

[2] スタディ模型をつくる
いくつかの案について 1/100 のスタディ模型をつくり、空間を立体的に把握し、案を絞り込む。

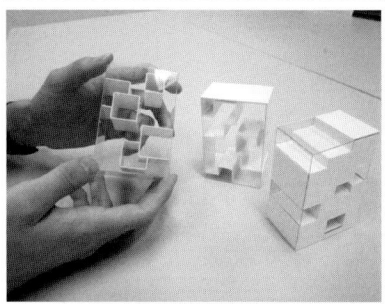

[3] 模型をつくり、写真を撮る
決定したアイデアを基に細部を設計し、1/30 の模型をつくる。模型の写真を撮影し、プレゼンテーションのイメージを考える。

[4] ダイアグラムを描く
コンセプトを図案化する。ここでは、プレス機をモチーフに、6m×9m の面をプレスすることで空間を構成していることを、わかりやすく 2 枚の絵にまとめている。

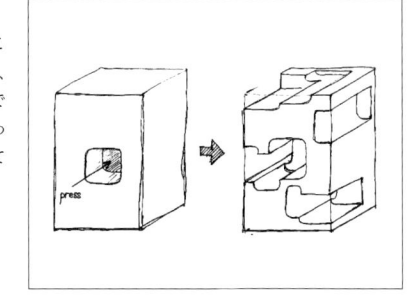

作品例

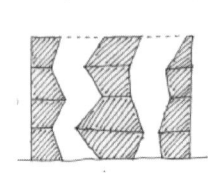

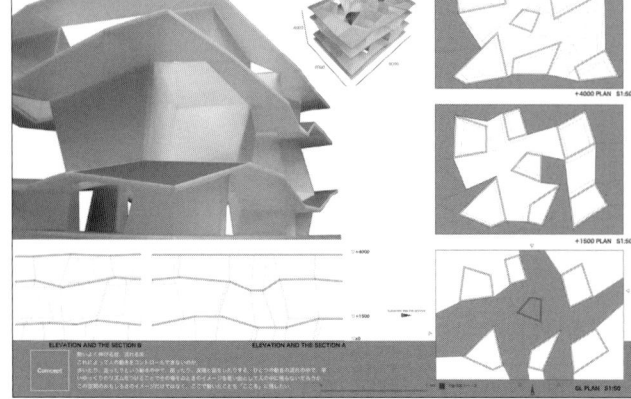

STRENGTH SPACE
的場弘之

多面体を組み合わせたかたちの異なる 7 本の柱を 4m×6m×9m のボリュームの中に配置している。柱の内側は空洞とし、外側には多面体の辺に沿って床を架けることで、さまざまな傾斜をもった場を生み出している。この勢いよく伸びる柱と流れるような床は、歩く、走る、座るといった人間の動きを誘発し、人々の記憶とこの場を結ぶ触媒となるだろう。

IV-3 | 4m x 6m x 9m の空間をデザインする

タイトル、
コンセプトを書く

コンセプトを示す図を
ダイアグラムとして描く

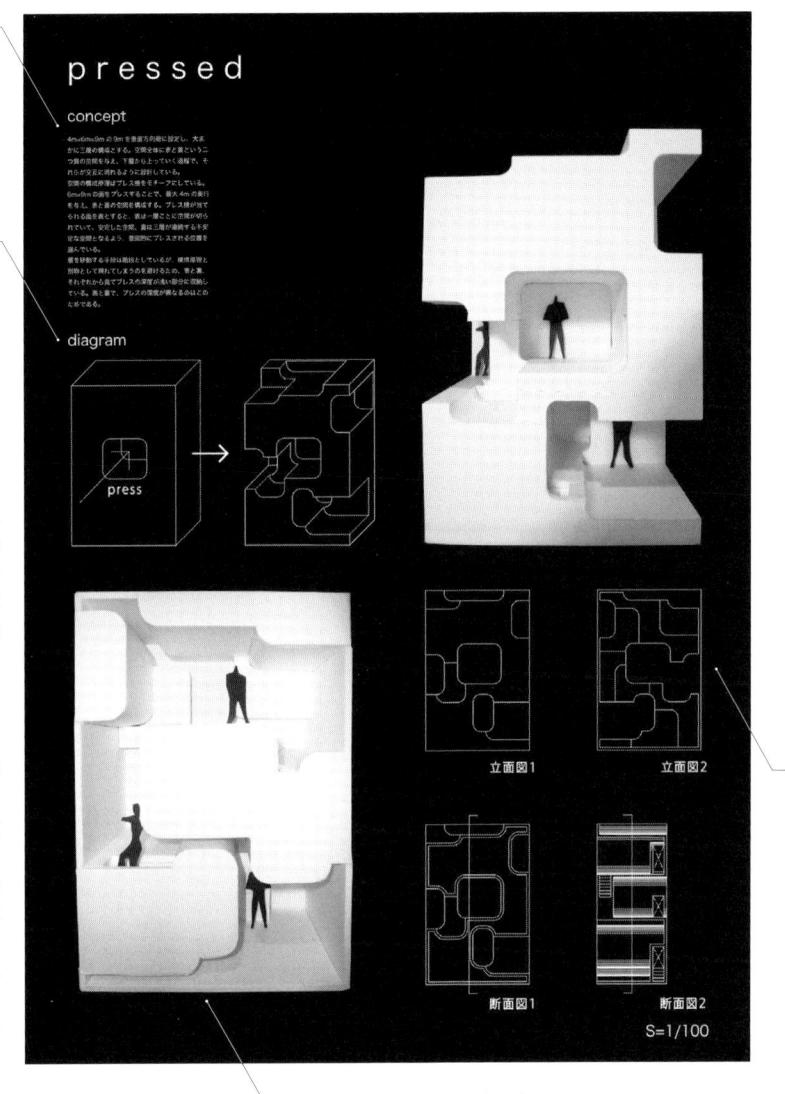

pressed

concept

4m×6m×9mの9mを垂直方向に設定し、大まかに三層の構成とする。空間全体に表と裏という2質の空間の質を与え、下層から上っていく過程で、それらが交互に現れるように設計している。
空間の構成原理はプレス機をモチーフにしている。6m×9mの面をプレスすることで、最大4mの奥行きを与え、表と裏の空間を構成する。プレス機が当てられる面を表とすると、表は1層ごとに空間が切られていて、安定した空間、裏は3層が連続する不安定な空間となるよう、意図的にプレスされる位置を選んでいる。
層を移動する手段は階段としているが、構成原理と別物としてあらわれてしまうのを避けるため、表と裏、それぞれから見てプレスの深度が浅い部分に収納している。表と裏で、プレスの深度が異なるのはこのためである。

diagram

立面図1　立面図2
断面図1　断面図2
S=1/100

設計の意図がわかりやすいように図面を描く
ここでは、表と裏の複雑な構成を示すような立面図や断面図を正確に表現している

模型には人形をつくって入れると、
空間のスケール感がわかりやすく表現できる

Pressed
瀬戸基聡

9mを垂直方向に設定し、大まかに3層の構成とする。空間全体に表と裏という2つの質の空間を与え、下層から上っていく過程で、それらが交互に現れるように設計している。空間の構成原理はプレス機をモチーフにし、6m×9mの面をプレスすることで、最大4mの奥行きを与え、表と裏の空間を構成する。プレス機が当てられる面を表とすると、表は1層ごとに空間が切られていて、安定した空間、裏は3層が連続する不安定な空間となるよう、意図的にプレスされる位置を選んでいる。層を移動する手段は階段としているが、構成原理と別物としてあらわれてしまうのを避けるため、表と裏、それぞれから見てプレスの深度が浅い部分に収納している。表と裏で、プレスの深度が異なるのはこのためである。

作品例

Hexagon
野宮奈央

同じものを組み合わせることによって空間をつくり出している。隙間なく積み重ねられること、角度が座る際の背もたれにちょうどよいことから正六角形を用い、人が立てる大きさ、座る大きさの2つの六角形で構成している。

カッコカッコ
伊藤舞

コの字形の形状のみを使って人が動ける空間をどれだけつくれるかをテーマに空間を構成した。

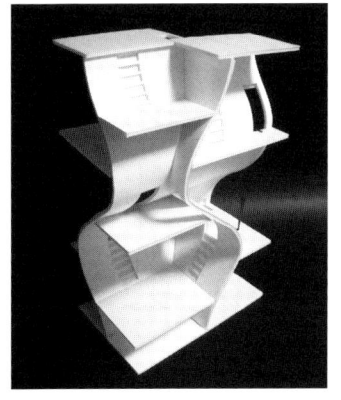

13rooms
岩田大輝

直交させた2つの曲面により、13個の異なる空間をつくり出している。また、曲面をうまく使うことで、各部屋間の移動手段となる階段も構成している。

Starry night
浅野雄一

4m×6m×9mの立体の表面積（228m²）を三角形に切り刻み、再構成している。三角形を用いることで、多面的な空間とずれによる開口部をつくり、外形と同時に多彩な内部空間もつくり出している。

IV　空間のデザイン

column

知覚とかたち

人の視覚が、いつもものを忠実に捉え認識しているとは限りません。人は経験したことのあるかたち、見たいかたちを優先的に見る傾向があります。そうした知覚特性を知るとともに、自然の造形などからヒントを得るなど、かたちの不思議を考えてみます。

相対的知覚

同じ直径の円でも、その周囲にあるものとの関係で大きくも小さくも見えるし、同じ長さの線分でも両端に付けた矢印の向きによってまるで異なった長さに見えます。奥行き反転図形では、どの面に注目するかで異なった立体が浮かんで見えます。このように人は相対的関係によって対象を把握しています。

図と地

かたちとして見える部分、すなわち図は浮き出して見え、実体的な存在感として人の視覚に訴えますが、背景となる地は虚ろで漠然とした印象しか与えません。人は、近いもの同士（近接性）、似たもの同士（類同性）、閉じた領域（閉合性）、規則的なもの（規則性）を優先的に認識しやすいという特徴があります。

静と動

対称性は規律性を与え、安定感を与えるものですが、動きに乏しく感じられます。その規律性を秩序を保ちながら崩していくと、バランスする力が感じられます。そして、ランダム性が強くなると動的印象が感じられるようになってきます。

トポロジカルな形

自然が育んできた物質・生命のかたちの多様性、その創造力・豊かさ・美しさには圧倒されます。それらのかたちがどのような原理に基づいているのかに興味をもてば、ただの気まぐれではなく、各々が主題や制約によって独自に縁取られ、秩序と無秩序の境目で発達してきたことがわかります。

　海岸線や川、樹木など複雑に見える自然の部分と全体が、自己相似形になっているという共通性に着目し、これを数学的に表現したのが**フラクタル**です。Yの字型のユニットを基本に、付加を繰り返せば対称形の木のような図形になりますし、非対称のYの字ではズレや重なり合いが生じてより実際的な木のように見えます。

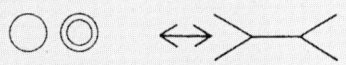

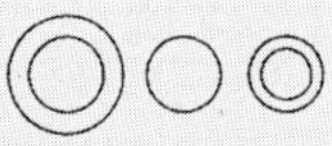

違う大きさに見える円（デルブフ）

違う長さに見える線分（ミューラー・リアー）

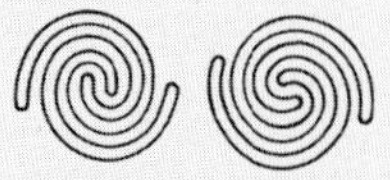

同じように見えるが違う渦巻（ミンスキー・ベバート）（1本の線）（2本の線）

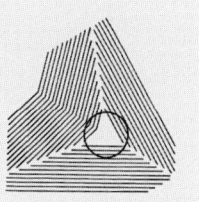

歪んで見える正円

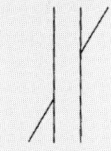

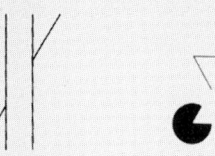

ずれて見える直線（ボッケンドルフ）

描かれていないのに見える三角形（カニッツァ）

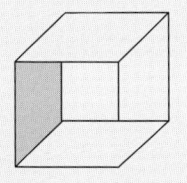

見方によって変わる図形（ランフランコ・ボンベッリ）

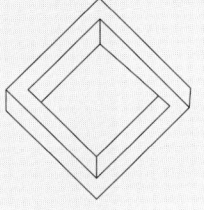

矛盾するかたち（マーティン・クランペン）

モザイク模様に隠れて見えない星形

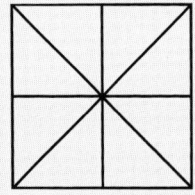

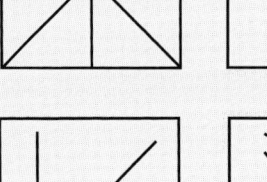

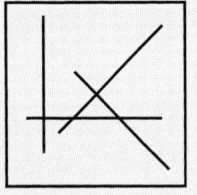

静と動

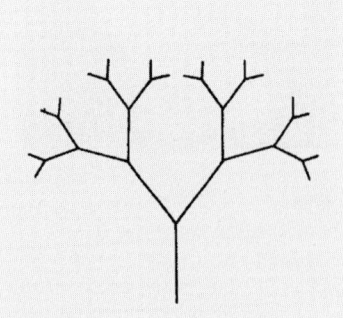

Yユニットによるツリー構造

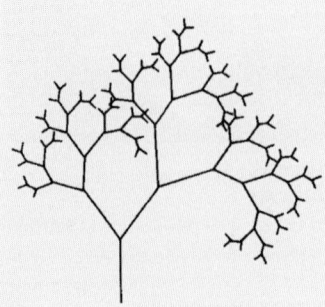

Yユニットによるツリー構造

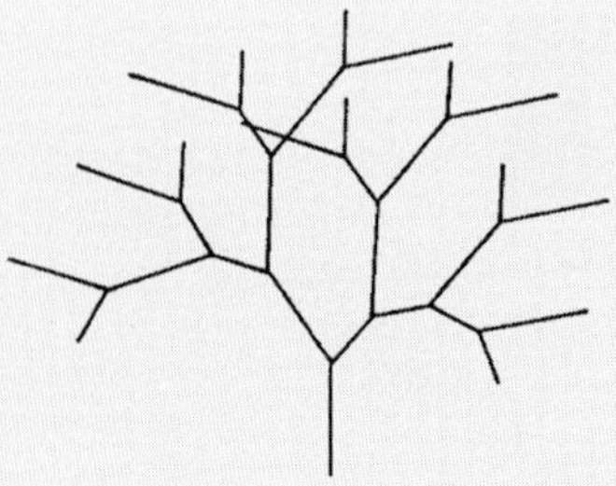

YYユニットによるツリー構造

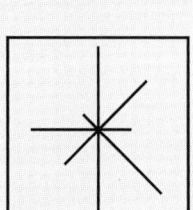

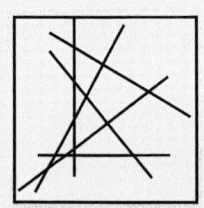

TOD'S 表参道ビル／伊東豊雄
力の流れを樹形の表層として構造化、即物的描象性が特徴

column

身体の寸法

人が使用するものや空間をデザインするためには、通常自分が体験している空間や事物の大きさ、日常行為を行うために必要な寸法などを把握し、空間のスケールや各部の寸法を決定する必要があります。身の回りのものの高さや位置は、人間の身体の寸法や動きを基に決められています。基本となる身体のさまざまな寸法や、その動作のための寸法を把握します。(p.73～75に示す寸法の単位はcm)

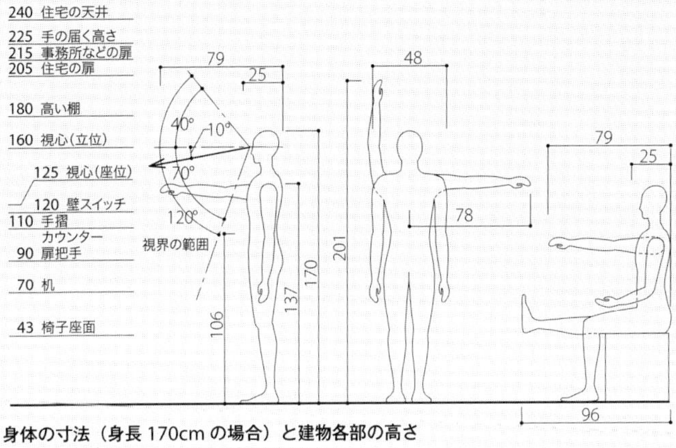

身体の動きと身の回りの寸法

立つ、座る、歩くなど日常生活の動きをスムーズに行うためには、その動作に必要な空間が確保されている必要があります。右図には歩行や扉の開閉の際に必要とされる寸法を示していますが、このような寸法を基に、建物の廊下や扉の周りの空間は決定されています。

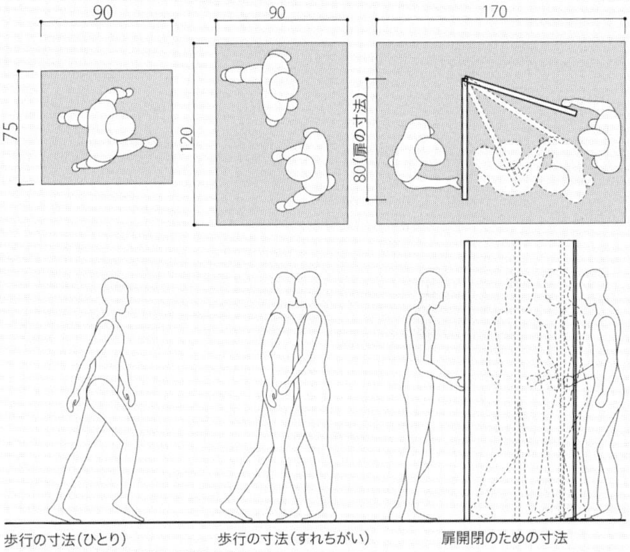

階段の大きさ

階段が必要な建物では、使いやすさや安全性、デザインなどを考えて、階段の幅や**蹴上げ**(1段あたりの高さ)、**踏面**(足を載せる段の上面の寸法)、**蹴込み**(踏板の上段の段鼻先端より奥まった部分)などを決定します。階段の大きさを考える場合は、建物の**階高**(ある階の床上から直上階の床上までの高さ)と蹴上げから必要な階段の段数を決めます。階段の蹴上げや踏面寸法は一連の階段で必ず一定である必要があります。その段数と踏面の奥行きから階段に必要な長さを決めます。上下階の関係をよく考え、階段の種類に合わせて必要な大きさを各階で確保します。また、階段の上部などを利用する場合は、昇降ができる高さを確保できているかを確認する必要があります。

240 住宅の天井
225 手の届く高さ
215 事務所などの扉
205 住宅の扉
180 高い棚
160 視心(立位)
125 視心(座位)
120 壁スイッチ
110 手摺
　　カウンター
90 扉把手
70 机
43 椅子座面

身体の寸法(身長170cmの場合)と建物各部の高さ

身体の動きと身の回りの寸法

階段の大きさ

階高300cmの場合の必要平面寸法

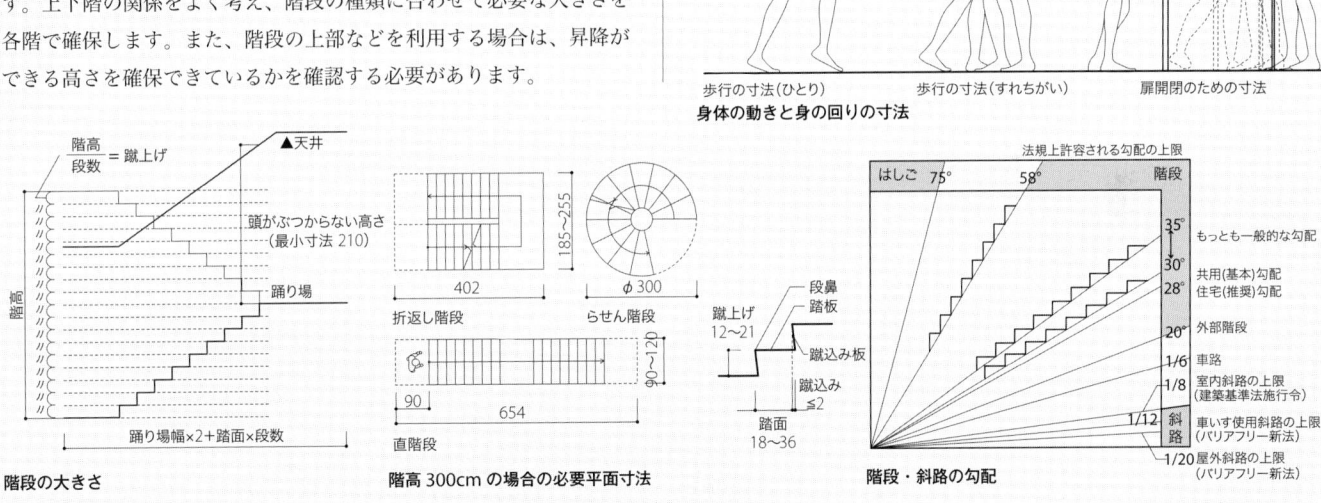

階段・斜路の勾配

自分の身体を使って空間を把握する

自分自身の身体の大きさを把握していると、空間や事物の大きさを身体と比較しながら理解することができます。たとえば、天井の高さがどれぐらいか、柱の間隔がどれぐらいかといった身の回りの空間のスケールは、自分の背丈や歩幅などと比較すると、計測器具がなくても比較的正確に把握することができます。こうした空間体験を基にして建物の大きさや配置を計画すれば、自分の体験に基づいた適切なスケール感の建物を設計することができます。右図を参考に自分の身体の各部の寸法を測り把握してみましょう。

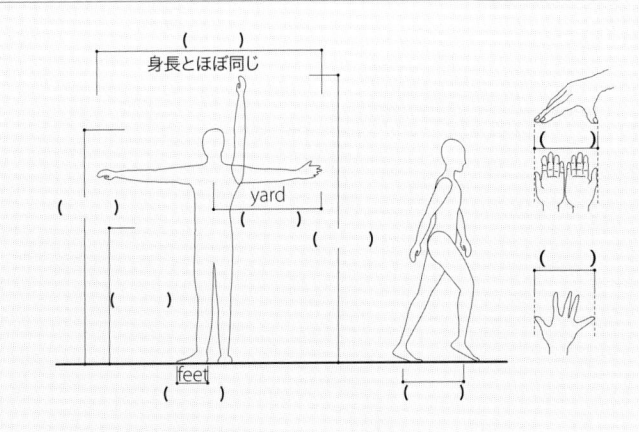

IV　空間のデザイン

column

動作の寸法

家具や設備機器（ユニットバス、キッチンなど）の大きさは身体の寸法に基づいて規格化されています。設計にあたっては、これらの基準となる寸法を知る必要があります。

また、寝る、収納する、入浴する、調理する、食事をするなど日常的な行為を快適に行うためには、そこで行われる動作のための寸法も確保しなければなりません。人の動作や、動作時の快適性には個人差があるため、ここでは基準の寸法を示しますが、設計の際には、起こりうる活動と必要寸法、快適に過ごすための寸法を考える必要があります。

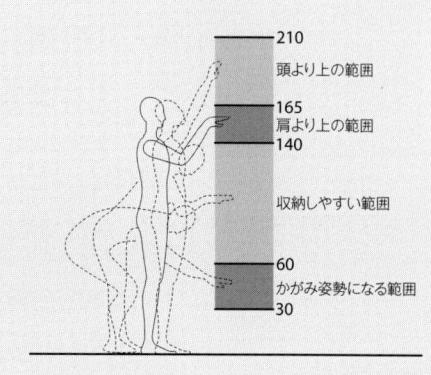

収納する（高さ寸法）

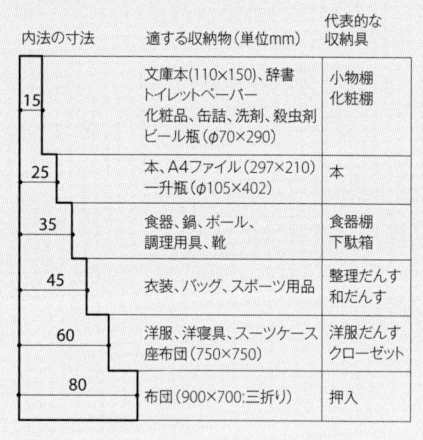

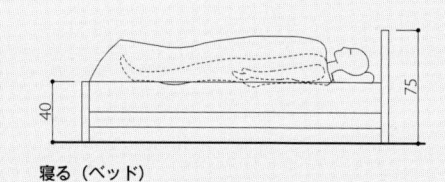

内法の寸法	適する収納物（単位mm）	代表的な収納具
15	文庫本(110×150)、辞書 トイレットペーパー 化粧品、缶詰、洗剤、殺虫剤 ビール瓶(φ70×290)	小物棚 化粧棚
25	本、A4ファイル(297×210) 一升瓶(φ105×402)	本
35	食器、鍋、ボール、調理用具、靴	食器棚 下駄箱
45	衣装、バッグ、スポーツ用品	整理だんす 和だんす
60	洋服、洋寝具、スーツケース 座布団(750×750)	洋服だんす クローゼット
80	布団(900×700：三折り)	押入

収納する（奥行き寸法）

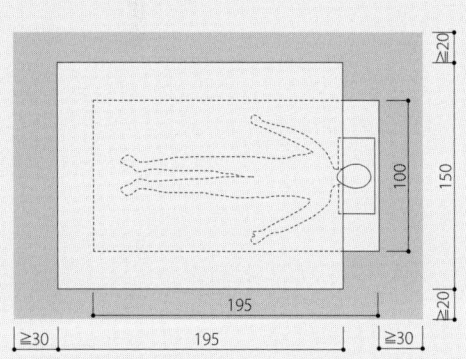

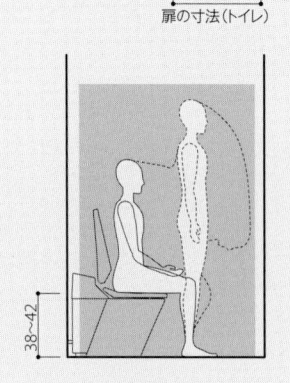

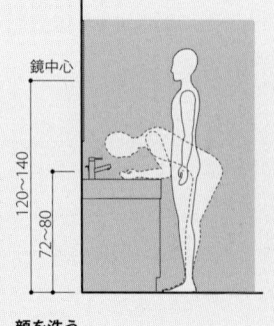

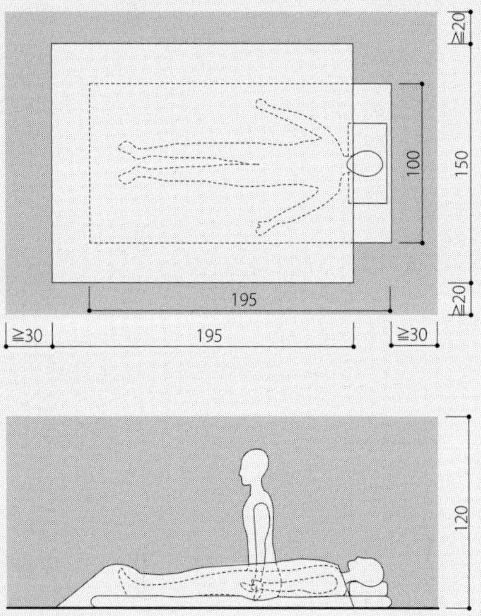

寝る（布団） 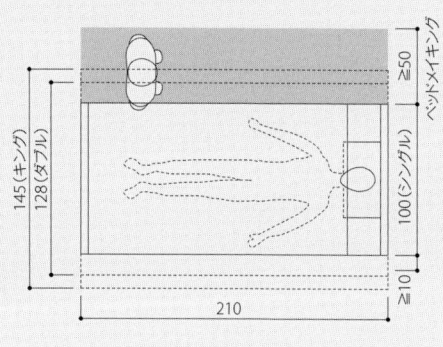　寝る（ベッド）

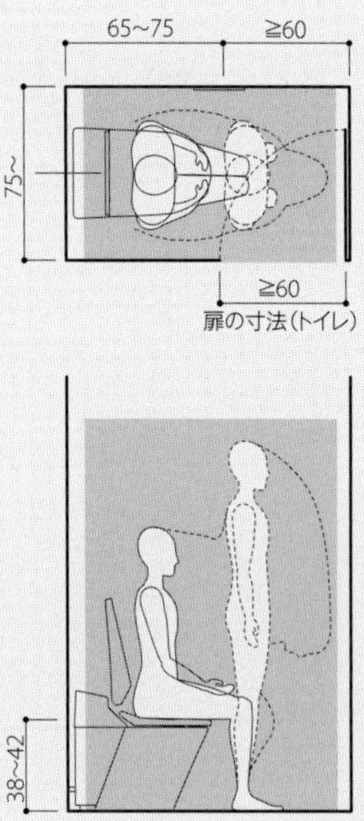

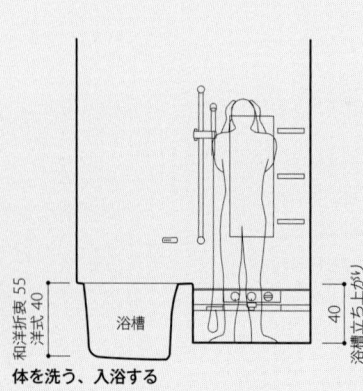

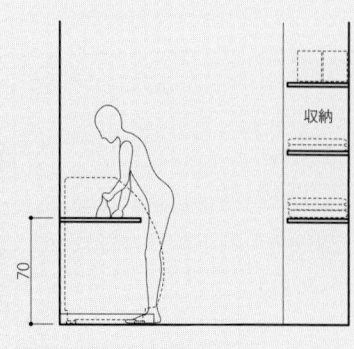

排せつする（洋式） 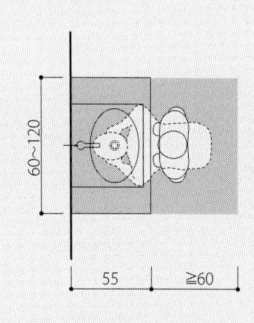　顔を洗う 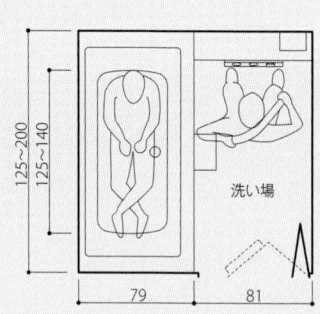　体を洗う、入浴する 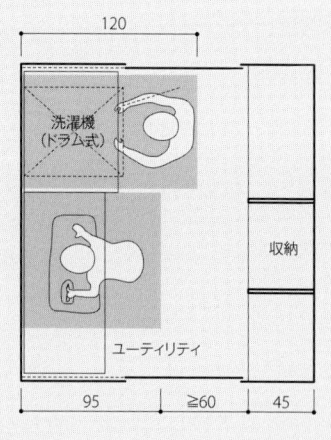　洗濯する、アイロン掛けする

扉の寸法（トイレ）

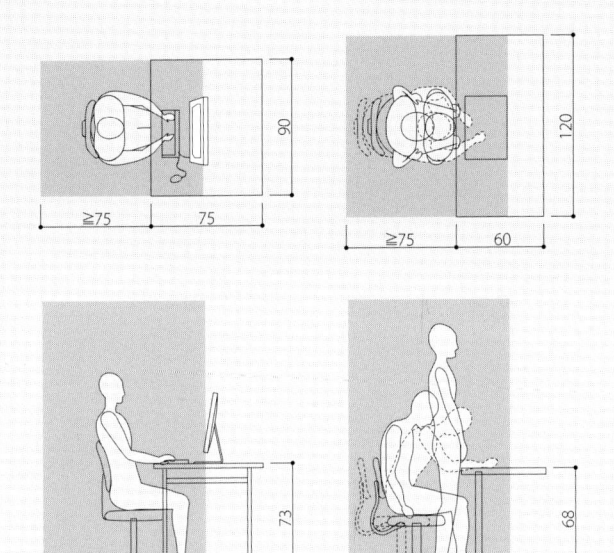

作業をする（パーソナルコンピュータ）　作業をする

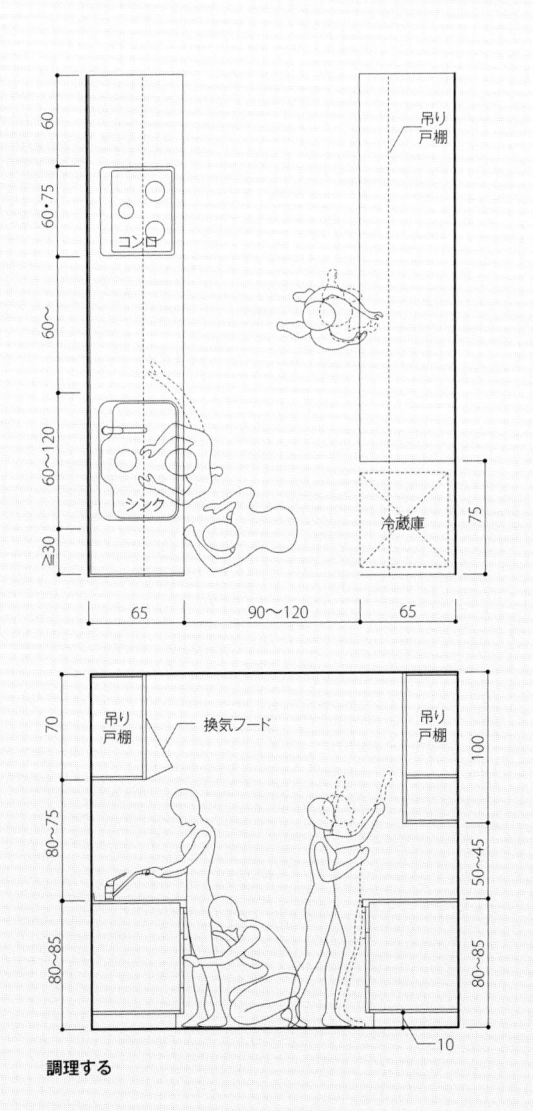

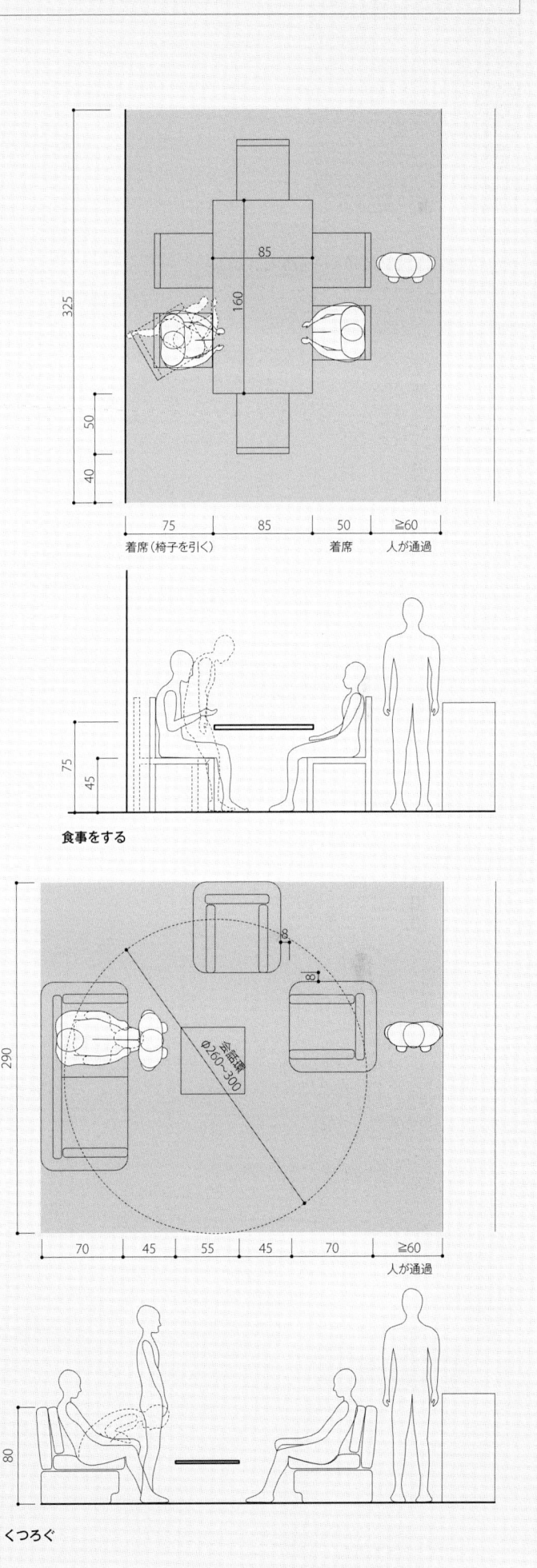

食事をする

調理する

くつろぐ

IV　空間のデザイン

column

実測する

建築のスケール感を身に付けてるためには、実際に見て、体験したものや空間を測ってみることが何よりの近道となります。また、実際に測って図面化しておくことは、自分が描いた図面を基に空間をイメージする際にとても役に立ちます。

実測の手順

まずは、おおまかに見取り図を描きます。この際、それぞれの位置関係はできる限り正確に描くようにします。見取り図を基に、ある点を基準点に決め、その点から順に測っていきます。実測の際には、コンベックス（ステンレス製：2〜5m程度のもの）を使用します。

家具や設備機器は、それぞれに幅、奥行き、高さなどを計測します。窓や扉回り、気になった部分などは詳細に測っておきます。

図面にまとめる

実測が終わったら、すぐに整理をして図面化します。最初は、図面化する際に不明な点が出てきて測り直す必要が出てくることもあります。粘り強く実測を積み重ねて、こつを身に付けることが大切です。

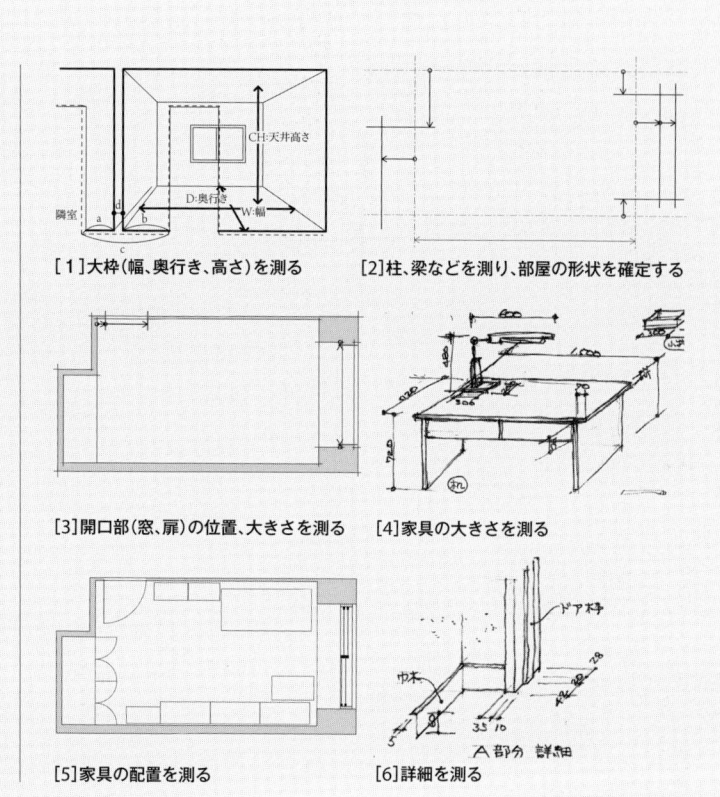

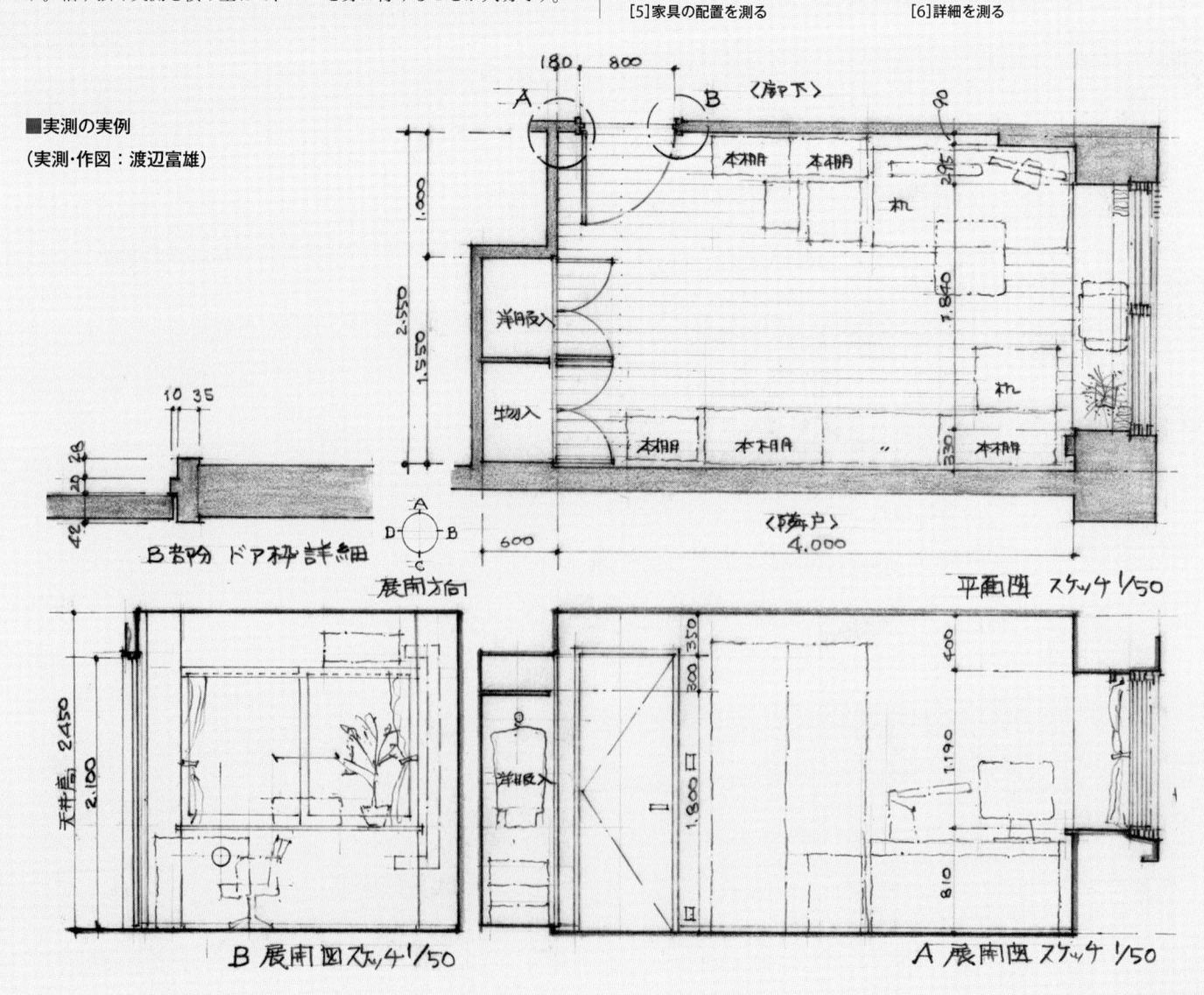

[1] 大枠（幅、奥行き、高さ）を測る　[2] 柱、梁などを測り、部屋の形状を確定する

[3] 開口部（窓、扉）の位置、大きさを測る　[4] 家具の大きさを測る

[5] 家具の配置を測る　[6] 詳細を測る

■実測の実例
（実測・作図：渡辺富雄）

V 章

生活空間のデザイン

具体的な敷地に建つ生活空間のデザインを学びます。
「シェアハウス」の設計では、
各室の関係や敷地と建物の関係を考えた設計を行います。

V-1 生活空間のデザイン

「人」という字が、あたかも支え合ってバランスを取っている姿を象徴しているように、人は一人では生きていけないことを歴史の中の住まいが物語っています。互いに協力し、共に暮らす生活空間について考えます。

社会構造と住まい

人類史を見ると、狩猟採集を中心とした暮らしでは、協力して獲物や食料を得て平等に分け合うという強い結束で結ばれた部族集落が形成されていました。農耕・牧畜が発達し定住化が進むと、生計を支える家畜が家族と共に暮らす血縁大家族による大屋根の住まいが生まれます。さらに産業革命を経て工業化社会になると、都市部への人口流入に伴い、生産施設と一体的に集合住宅が計画されるようになり、交通網の発達により大規模な住宅地開発が進められました。近年では消費経済の発展が生活の便利さと豊かさ、核家族化を進行させていく一方で、環境・家族・教育問題が浮かび上がってきています。また、コンピュータの浸透による情報化社会は、さまざまなネットワークを発展させると同時に、核家族をさらに個へと分解し、社会サービスの分業化が、新たな施設、住まい方を生み出す背景となっています。現代でも血縁家族が社会の基本を担っていますが、見渡してみれば、医療施設をはじめ老人福祉施設、グループホーム、コレクティブハウスなど、非血縁のさまざまな家族的居住形態が見られるようになってきています。

住空間の構造

住まいの計画を行うにあたっては、人を中心に「自然環境」、「生活スタイル」、「行為機能」といった3つの側面から居住空間を考えることができます。「自然環境」は、等しく得られる自然の恵みや気象条件をはじめとして、計画敷地の特性や歴史、周辺環境とのつながりなどが含まれ、健康の根幹を形成しています。「生活スタイル」は、住まい手の生活イメージであり、安心して気持ちよく暮らすための居住意識や具体的な生活方法を規定するものとなります。「行為機能」は、そうした目標の基に行われる活動とそのための機能です。それらがまとまったものが住空間となります。

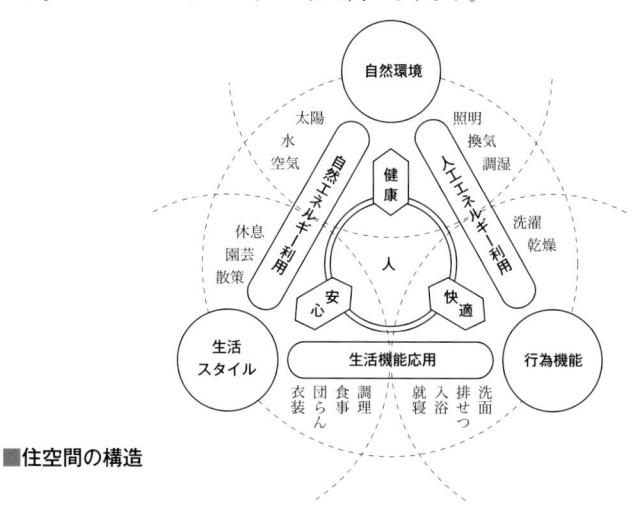

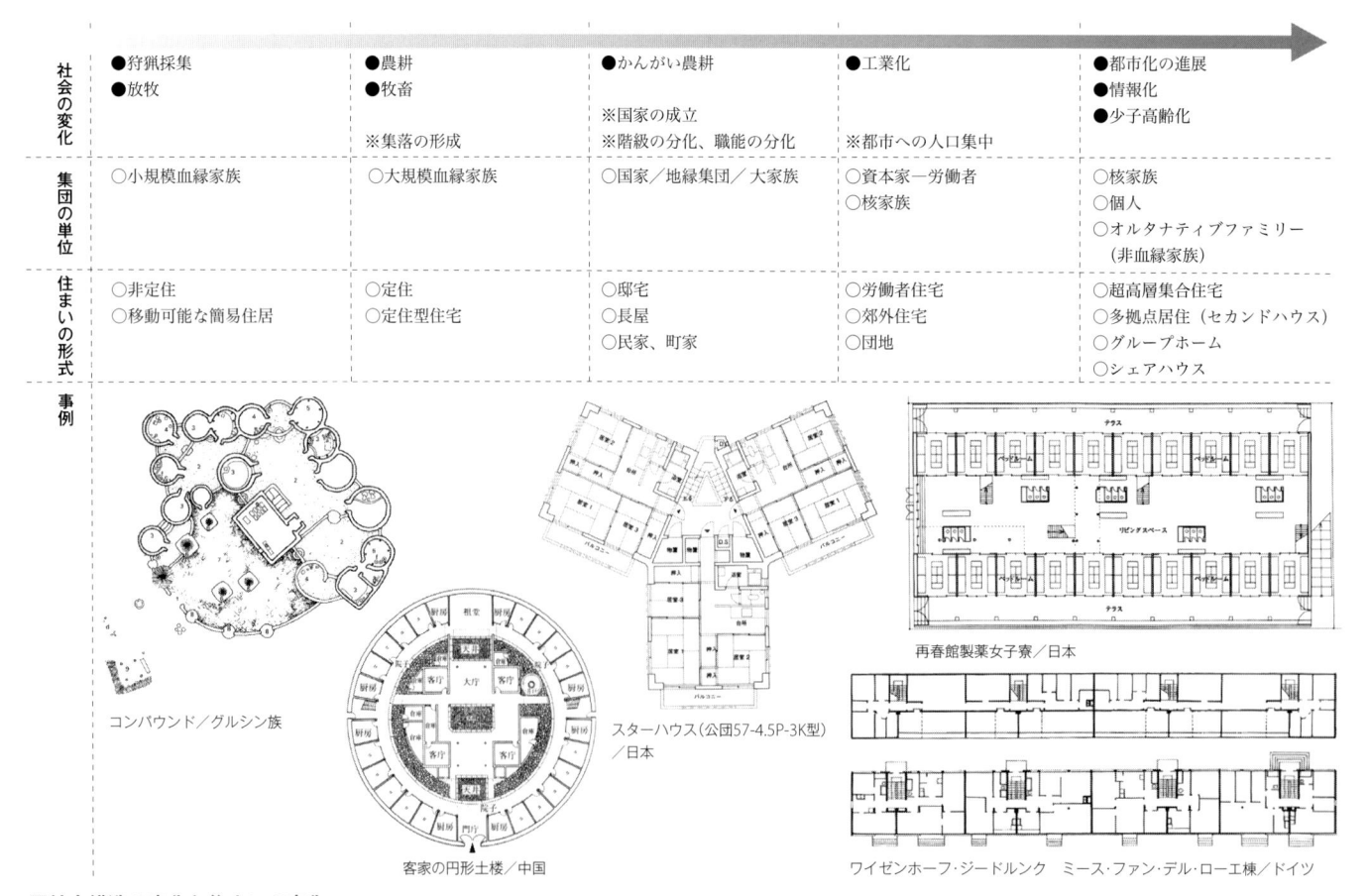

■住空間の構造

■社会構造の変化と住まいの変化

社会の変化	●狩猟採集 ●放牧	●農耕 ●牧畜 ※集落の形成	●かんがい農耕 ※国家の成立 ※階級の分化、職能の分化	●工業化 ※都市への人口集中	●都市化の進展 ●情報化 ●少子高齢化
集団の単位	○小規模血縁家族	○大規模血縁家族	○国家/地縁集団/大家族	○資本家—労働者 ○核家族	○核家族 ○個人 ○オルタナティブファミリー（非血縁家族）
住まいの形式	○非定住 ○移動可能な簡易住居	○定住 ○定住型住宅	○邸宅 ○長屋 ○民家、町家	○労働者住宅 ○郊外住宅 ○団地	○超高層集合住宅 ○多拠点居住（セカンドハウス） ○グループホーム ○シェアハウス
事例	コンパウンド／グルシン族	客家の円形土楼／中国	スターハウス(公団57-4.5P-3K型)／日本		再春館製薬女子寮／日本 ワイゼンホーフ・ジードルンク ミース・ファン・デル・ローエ棟／ドイツ

住まいと自然環境

私たちの生活空間は、さまざまな外的要素に取り囲まれています。地球の環境は、海洋や森林、気象現象などの浄化作用や循環によって保たれています。しかし、生活の利便性や快適性の過度な追求が、それらのバランスを崩すことにもなりかねないことも指摘されています。こうした理解のうえに、グローバルな視点から生活環境を整備・計画する必要があります。

自然は生命力豊かな恵みをもたらしてくれる一方で、厳しい側面も同時に併せもっています。住まいは、自然の脅威から身体を守るシェルターです。住まいの設計では、地震などの地球活動や気象現象、動植物の生態など、人を取り巻く自然環境を正しく理解し、設計することが大切です。すべての建築は特定の敷地に建つものであり、その周囲には道路や隣地があります。設計にあたっては、周囲からの騒音・振動・視線、自然の採光・通風や周辺への眺望などを考慮する必要があります。

生活スタイル

生活スタイルは、文化や歴史、慣習などによって大きく異なります。価値観の多様化した現代では、同じような地域でも居住者によって住まいの形式は異なります。さらに居住者が複数の場合では、その構成や各々の居住者の価値観、嗜好などによっても、求められる居住空間の姿は異なります。こうした居住者や利用者の生活スタイルを把握したうえで設計される建築の目的やあり方を考えていく必要があります。

行為と諸室の関係

生活空間では、さまざまな行為がなされます。たとえば、団らんや食事のように交流性の高い行為もあれば、排せつや入浴のように交流性の低いプライベートな行為もあります。こうした行為の行われる場所を考えてみると、交流性の高い行為は建物の中でも表側にある開かれた場所でなされ、交流性の低い行為は建物の裏側にある閉じた場所でなされていることがわかります。

次に、行為や機能を考えて諸室の関係を考えてみます。まず、居住空間は居住者のみが利用する「プライベートゾーン」と居住者の他に来客者も利用する「コモンゾーン」に分けられます。それぞれの行為に関係性があるように、それぞれの部屋にも類縁性やつながりがあります。右図は居住空間の諸室の関係を図式化した一例です。この図のように、諸室の関係性を考えることによって、居住スタイルにふさわしい部屋の関係や居住空間を考えます。

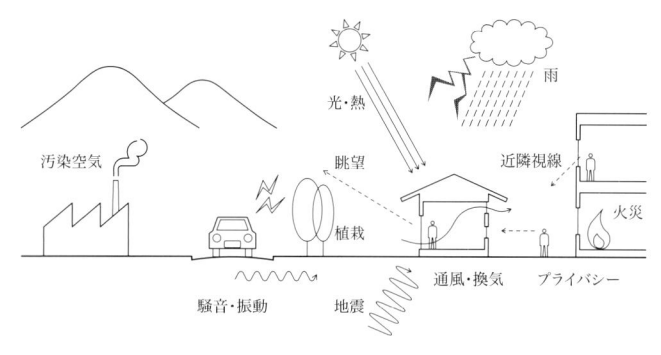

■住まいを取り巻く環境

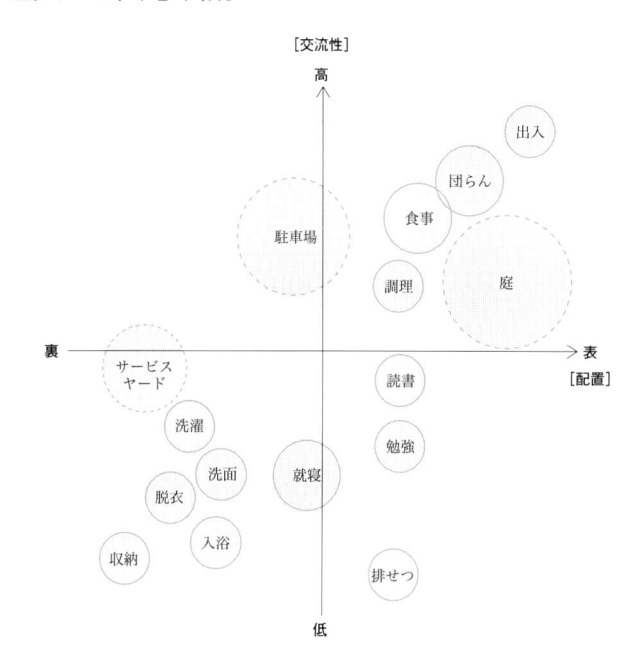

■行為の交流性と諸室の配置

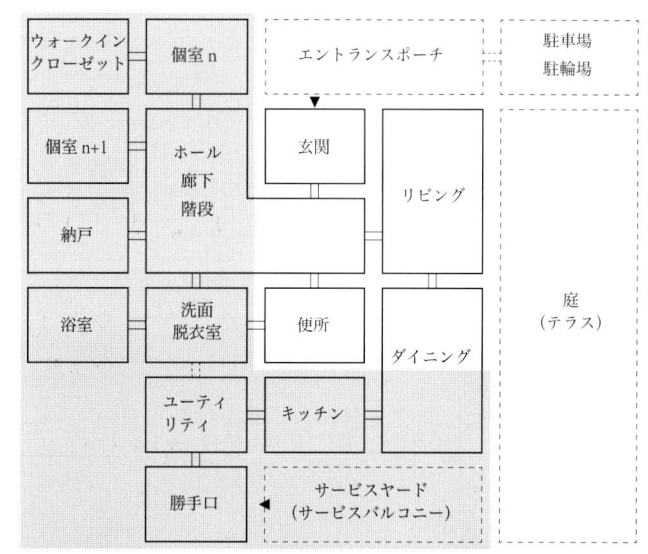

■諸室の関係性

V-2 シェアハウス

人びとが集まり共同で生活をする空間を「シェアハウス」と呼びます。シェアハウスではいくつかの行為や機能が、複数の居住者によってshare（分かち合う）されている空間で行われます。老人ホーム、グループホームなどもシェアハウスの一例といえるでしょう。

個室と共用部

シェアハウスでは、個室（各人が専有して使う部屋）と共用部（食事・団らん・入浴・洗面など）の関係をどのように位置付けるかが重要な課題となります。共用部をもたない計画も可能ですが、それでは場所や空間をシェアし、共に暮らす意味がありません。

共用部を介して個室へとつながる関係 [1] は、最も一般的な計画として考えられます。それとは逆に、各個室を経て、共用部へとつなげていく方法 [2]、グルーピングをすることでより小さな単位の共用空間を全体の共用部とは分けて計画する方法 [3]、各個室と共用部を分散配置する方法 [4] なども考えられます。個室と共用部の間にどのような空間や距離関係をつくるのか、外部との関係をどのように扱うのかなどを考えて、それにふさわしい計画としていくことが求められます。

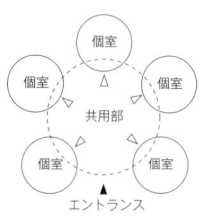

[1] 共用部を介して個室がつながる関係
[2] 個室が直接外部につながる関係
[3] 個室をグルーピングする関係
[4] 各個室が共用部をもつ関係

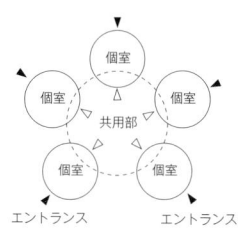

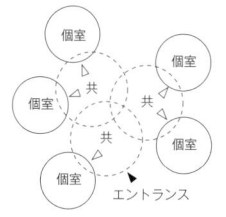

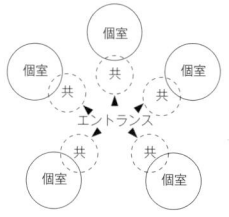

■個室と共用部の関係

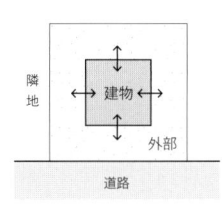

建物と周囲の関係

道路をはじめとした隣地や周辺との関係、敷地内の庭と建物との関係をどのような意図の基に計画するか十分に検討する必要があります。周囲に対して閉鎖的な住まいは居住者のプライバシーを守るという点では有効ですが、近隣との交流やまちとの関係性などを弱めてしまう恐れがあります。反対に、開放性の高い住まいは、近隣やまちとの交流性は高いものの、居住者のプライバシーを守りにくいという問題があります。

建物の配置

建物を建てる敷地は道路に接していなければなりません。道路からのアクセスを考え、敷地の中にどう配置するかを検討します。中央に建てる [1] と、その四周に外部空間ができるので隣地や道路の影響を受けにくくなります。道路側に寄せたり、道路の反対側に寄せる [2] と、まとまった広さの外部空間を取りやすくなります。分棟にする [3] とそれぞれの建物の間に周囲に接した外部とは異なる関係が生まれます。敷地の境界に沿ってぐるりと配置する [4] と、建物に囲まれたプライベートな外部空間（中庭）をつくることができます。

敷地形状が不整形な場合には、特に平面形状や配置方法によって、建物と外部空間の関係が異なってきます。

[1] 敷地の中央に配置
建物の四周に外部空間ができ隣地や道路からの影響を受けにくくなる

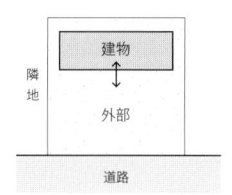

[2] 敷地の奥に配置
道路側にまとまった外部空間ができる

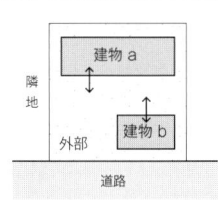

[3] 建物を分ける（分棟）配置
建物の間に外部空間ができるそれぞれの棟の独立性が高い

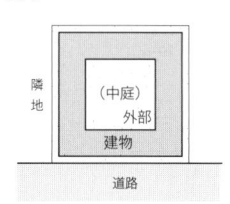

[4] 中庭を囲む配置
敷地中央にプライベートな庭ができる

■建物の配置

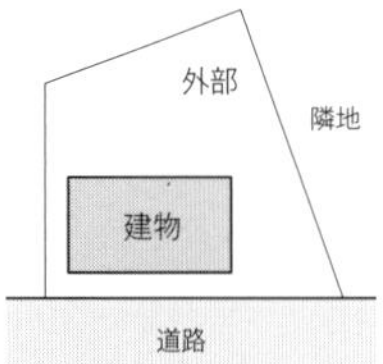

道路に合わせる
まち並みに合わせやすいが、不整形な外部空間ができる

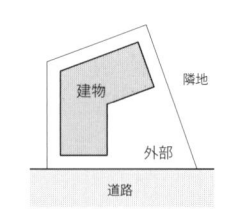

道路と敷地の形に合わせる
建物が道路側から敷地奥に延び、外部空間を囲う

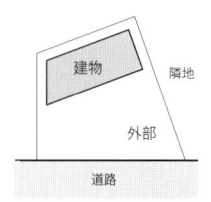

敷地奥に配置
道路側から建物の存在を感じにくく道路と敷地内の外部空間が連続する

■不整形な敷地形状と建物の配置

敷地の傾斜

建物は敷地の地盤に合わせて建てなければなりません。地盤は敷地によってさまざまですが、その特徴を活かして計画することが重要です。敷地内に高低差がある場合は、土地の造成の仕方を考えながら、建物と地盤の関係を考えていく必要があります。

斜面を掘って埋める
建物が目立ちにくくなり、周囲の連続性が保たれる。地下部分には採光や換気に配慮が必要

斜面に土を盛り建てる
土地を造成するため、既存の地形や自然を変更する必要がある。盛土部分には土を留める擁壁が必要

斜面から独立して建てる
斜面に手を加えず、建物を斜面から浮かすように建てる。建物を支える構造上の工夫が必要

■敷地の傾斜と建物

課題 | シェアハウスをデザインする

居住形態はさまざまであるが、ここでは一般的な〈家族のための家〉のイメージから離れて、〈同世代の見知らぬ者同士が共同して暮らすための家〉であるシェアハウスをデザインする。同じ学校に通う者同士が、空間や時間を共有しながら共同して生活するための空間を考える。敷地の特徴を活かして、集まって暮らす意義とそれにふさわしい機能を備えた居住空間を構想してほしい。

条件：
- 6人が機能や空間を分かち合いながら、共同して生活できる居住空間をデザインすること
- 敷地条件を考えて設計すること

提出物：
[1] プレゼンテーションボード（A2判 2枚程度）
- タイトル、設計主旨
- 配置図、各階平面図、断面図、立面図（縮尺 1/100）
- アイソメ図・アクソメ図・インテリアスケッチなど内部がわかる表現
- 模型写真

[2] 模型（縮尺 1/50 または 1/100）

敷地写真①

敷地写真②

敷地写真③

敷地概要

敷地：千葉県習志野市
敷地面積：500 m²
敷地は緩やかな高低差をもち、既存の樹木も多く残る。
駅が近いため、前面道路は朝・夕方の人通り、車通りも多い。
東西の周辺には多くの樹木が広がるが、北側隣地の背後には住宅街が広がる。また、南側には大学のグラウンドが広がる。

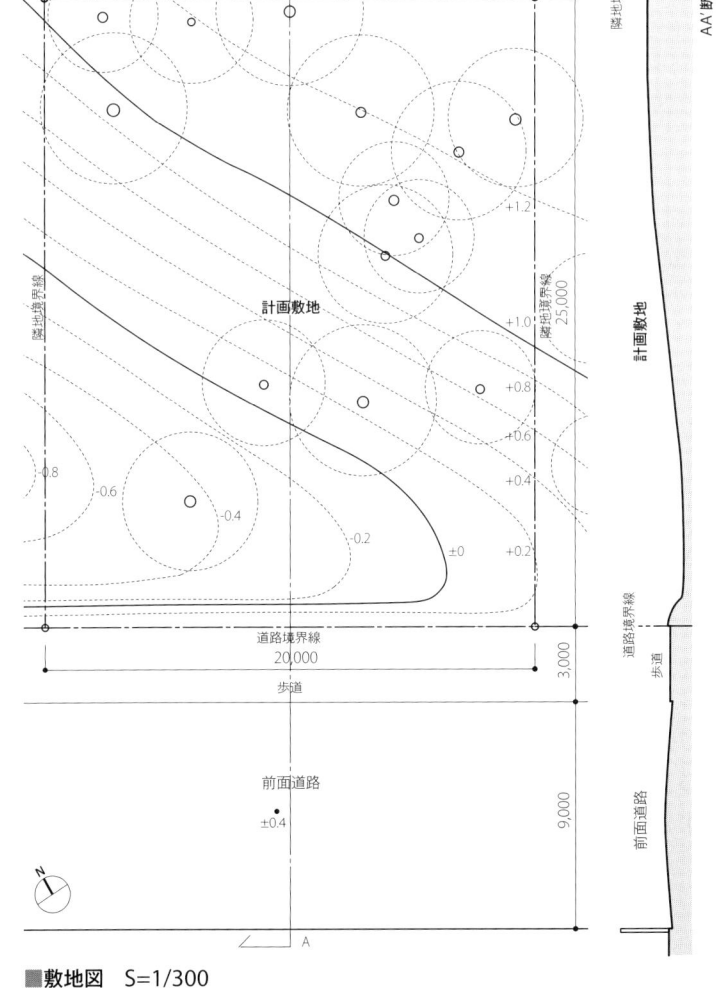

■敷地図　S=1/300

■敷地案内図　S=1/1,500

Ⅴ　生活空間のデザイン

V-3 シェアハウスのデザイン

学生6人が共に暮らすシェアハウスのデザインを実例として、1つの作品ができ上がるまでの流れを解説します。

1 敷地の理解 ……………………………………[1]

敷地を理解することは設計の第一歩です。敷地調査では、以下のようなことを調べます。

敷地の形状・高低差：敷地の形状、高低差などを、コンベックスなどで計測したり写真を撮影します。

既存施設・樹木などの状況：既存の建物や塀、擁壁（高低差のある土地で土砂が崩落することを防ぐ壁状の工作物）などがあれば、その位置や形状を調べます。また、既存の樹木についてもその樹種や配置、大きさなどを記録します。

敷地境界の状況：敷地境界のポイントには杭や鋲があります。境界付近の塀やフェンスなどを調べると同時に、敷地境界線際での隣地や道路との高低差も把握します。

敷地からの眺望、周囲の状況：敷地からの眺望を写真などを使って記録します。敷地の四隅などから連続写真を撮り、周囲全体の状況がわかるような工夫をします。また、敷地周囲の建物の高さや大きさ、用途、窓の位置、それらによって影響されるプライバシーの問題などを調べます。

日照条件、風向き：周囲の建築物などに影響される敷地内の日照や風通しなどを調べます。

周辺のまち並み、敷地へのアクセス：敷地周辺にどのような建物や都市機能（公園など）があるのか、また、まちのようすや周辺の道路における交通量や人通り、敷地へのアクセスなどを調べます。

2 コンセプト ……………………………………[2]

必要な機能や所要室の大きさ、建物全体の面積制限や高さの制限、使用する人やその生活スタイルなどを考えて、与えられた敷地にどのような生活の場をつくり出すのかを考えます。

3 スタディ ……………………………………[3][4]

ゾーニング：各室のつながりや人の動き方を考えて、機能的なまとまり（ゾーン）の配置（ゾーニング）を考えます。「諸室の関係性」(p.79)や「個室と共用部の関係」(p.80) などを参考に、自分なりの生活空間を図式化して、具体的な敷地のうえで配置を検討します。

ボリュームスタディ：必要な床面積に高さを与えたボリューム模型をつくり、敷地や周囲との関係を把握し、配置の検討を行います。また、各室の大きさや高さなどを個別に考えて、その組合せを検討するボリュームスタディも行います。

スケッチや模型によるスタディの積み重ね：全体的な構成、諸機能、室の関係、外部空間とのつながりをダイアグラムで整理しながら、それを具体的に平面図や断面図として描き、検討します。その際に、複数の案を考え、さまざまな可能性を探ります。その中からよいと考えた案のスタディ模型をつくり、さらに検討を重ねるというプロセスを繰り返します。

■写真を貼り合わせた敷地の連続写真

[1] 敷地を理解する
敷地の状況などを基にどのような生活をするのかをイメージする。

[2] コンセプトを考える
この案では既存樹木の樹形を活かし、その間にテントのような形状の住まいを考える。

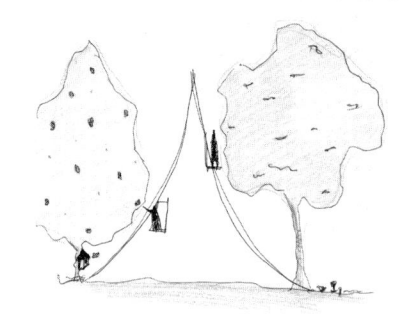

[3] 建物の配置を考える
敷地の大きさや周囲の状況を考え、建物の配置を考える。

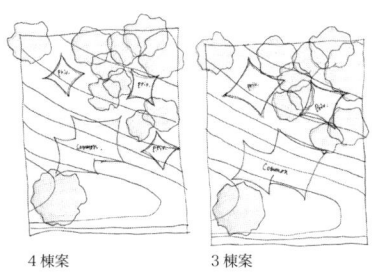

4棟案　　3棟案

[4] 平面・断面計画をスタディする
個々の部屋の大きさや機能、構造などを考えて平面・断面計画を改良する。

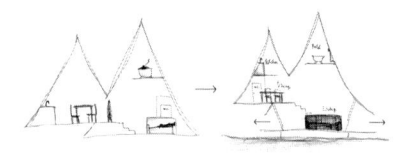

[5] 図面を描く
設計意図がわかるように図面を描く。提案が最もわかりやすくあらわれる部分を選んで断面図を描く。

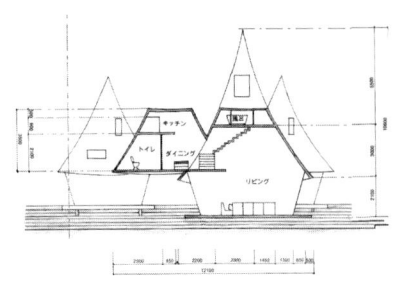

4 図面を描く　[5][6]

スタディを積み重ね、徐々に案を絞り込んだ後、提案内容をまとめ、指定された縮尺の図面を描きます。平面図や立面図、断面図を描きながら、提案の内容や造形を再検証します。提案の特徴が十分に伝わるように図面を描くことにも留意します。

5 模型をつくる　[7]

建築の模型は実物に似せてつくればよいというものではありません。模型によって伝えたい内容をよく考え、材料の選択やつくり方、見せ方を工夫することが重要です。模型には家具や人、樹木など、スケール感や建物内外での使い方を表現します。屋根や壁の一部が取り外せ、室内を見えるようにつくることも効果的です。

6 プレゼンテーション

設計の意図やデザインの特徴などをよく考え、図面や写真をどのように効果的に見せるかを考えます。強調したい写真や図面は大きく使うこともよいでしょう。図面については各図の位置やキャプションを揃えることで整った画面ができます。ボードについても、縦使いとするか横使いとするか、複数の枚数を使う場合はそれぞれのボードを別々にするか連続させるかを考えます。

[6] ダイアグラムを描く
タイトルやコンセプトを説明用の図（ダイアグラム）を使ってまとめる。

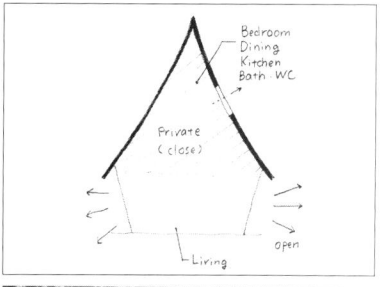

[7] 模型をつくる
内部空間がわかりやすいように、模型の壁の一部を取り外せるようにつくっている。

トンガリ
伊藤由華
敷地の特徴である樹木の樹形に着目し、形状を決めている。プライベートでゾーンとなるな部分は屋根部に、コモンゾーンとなる部分は地上レベルにつくり、開放的なデザインとすることで内外の連続性をつくり出している。

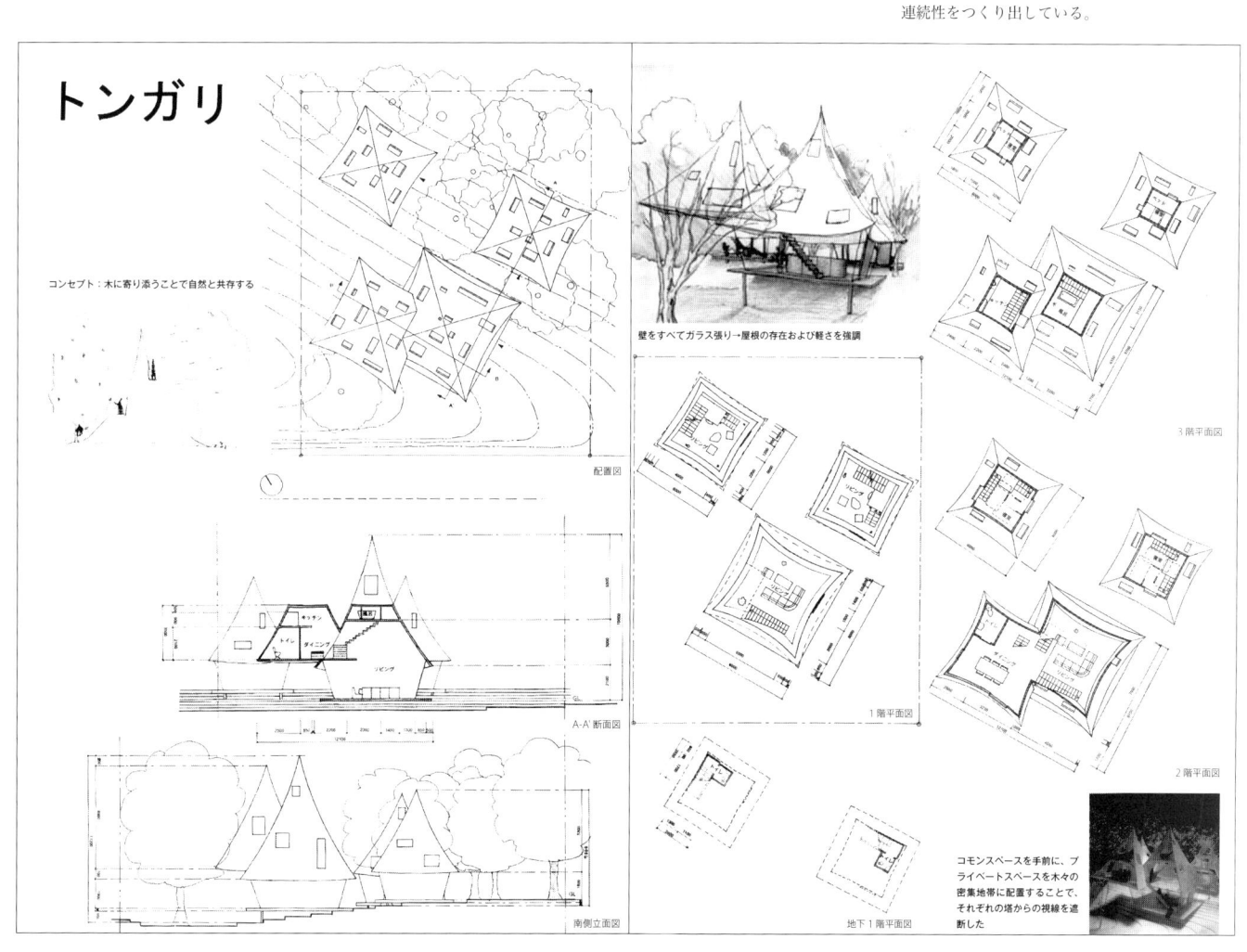

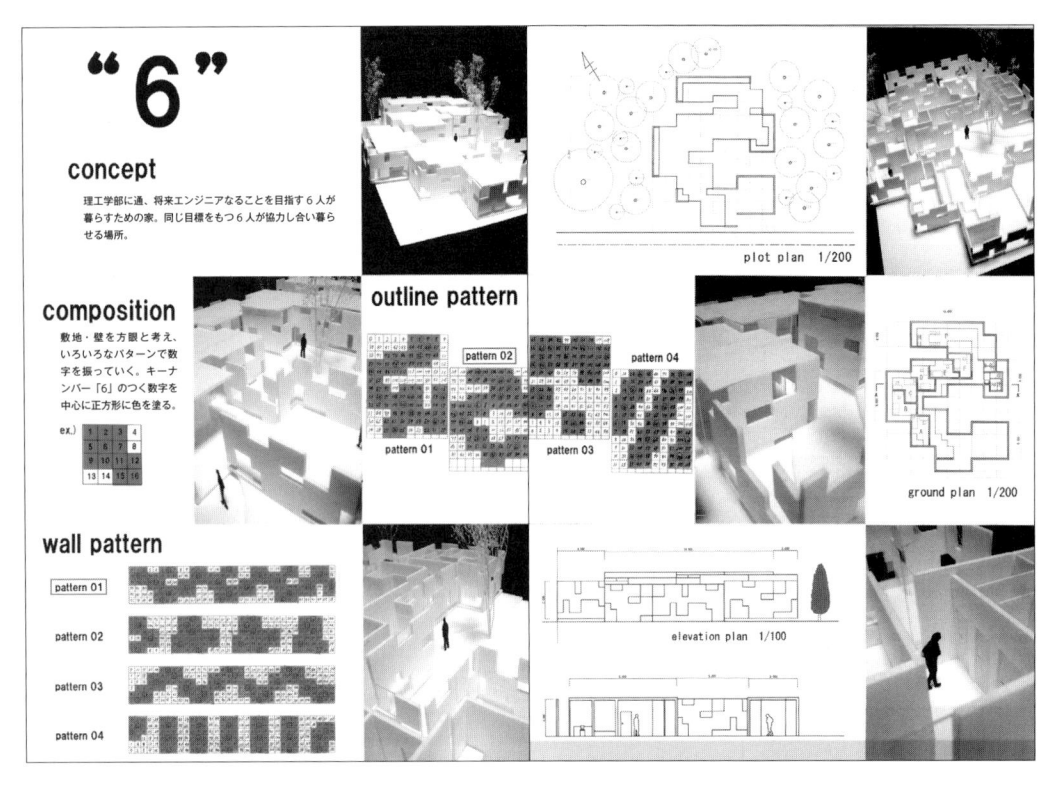

V-3 | シェアハウスのデザイン

"6"

concept
理工学部に通い、将来エンジニアなることを目指す6人が暮らすための家。同じ目標をもつ6人が協力し合い暮らせる場所。

composition
敷地・壁を方眼と考え、いろいろなパターンで数字を振っていく。キーナンバー「6」のつく数字を中心に正方形に色を塗る。

outline pattern
pattern 01 / pattern 02 / pattern 03 / pattern 04

wall pattern
pattern 01 / pattern 02 / pattern 03 / pattern 04

plot plan 1/200
ground plan 1/200
elevation plan 1/100

6　田島愛
数字の「6」をテーマとしたルールからつくられる建築を考えている。敷地全体にグリットを設定し、そのマス目に数字を振り、「6」を中心とする正方形に色を塗っていく。数字の振り方を変えながらスタディを繰り返し、生活パターンなども検討しながら最適なかたちを決定した。このパターンは立面にも展開されている。

作品例

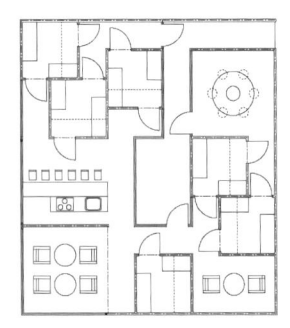

Light House／村田梨花子
個人の空間である塔状に延びたスペースと低層に広がる共用のスペースで構成している。屋根の素材や開口部の形状を工夫することで、室内にいても自然が感じられるようにていねいに設計されている。

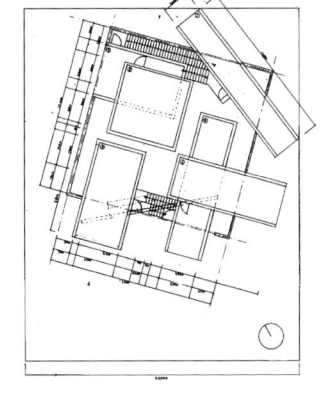

Casually／高石水輝
12m×12m×10mのボリュームに、それぞれかたちの異なる個室のボリュームを挿入した構成としている。各個室にはそれぞれの場所に適した開口があけられ、異なる自然の景色を楽しむことができる。

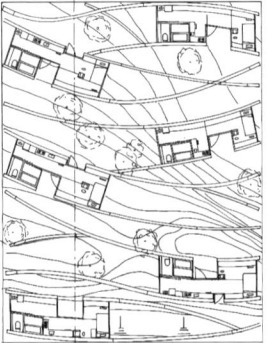

地霊の共有／田中麻未也
等高線のかたちを読み解いて配置した湾曲する壁によって敷地を分割し、個室と共用スペースを配置した。敷地の特性と建物との関係性を強めている。プライバシーの確保と開放性を両立させるために、道路や住宅のある南北方向を避け、東西方向に開放している。

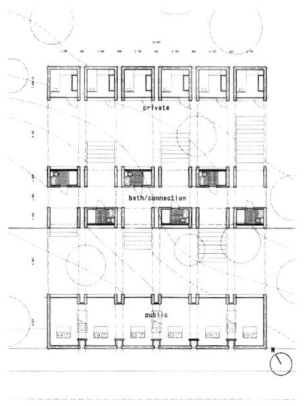

6人のための13の部屋／瀬戸基聡
個室をコモン、バス、プライベートに分割し、南北方向に住戸ユニットを6つ並列した。道路側にコモン、奥にプライベート空間を配置し、壁や配置を工夫することでプライバシーを確保しつつ、奥行きのある空間をつくっている。

column

外構の計画

敷地には建物が占有しない部分もあります。この部分を外構といい、建物と隣地や道路、建物と建物の間を指します。建築の設計では、建物の設計だけでなく、外構についても計画する必要があります。

敷地環境を読む

方位を認識し、太陽の動き、季節による風の向き、敷地の形状を現場で確認します。これらの条件は、舗装や植栽に大きく影響を与えます。風は季節により吹く方向が変化します。風の通り道を把握し、家の中や屋外に夏は風を通し、冬は風を防ぐ工夫を考えます。敷地に凸凹や勾配があれば、降雨時に水が流れ、溜まりができます。どのように処理するかが、雨の多い日本では重要な問題です。また、平坦な地形であっても敷地外に起伏があれば、敷地に影響を与えるため、周囲の地形を調査しておくことも重要です。

屋外空間の計画

屋外空間は建物内同様、どのように使うか考える必要があります。建物に入るための道（アプローチ）や、庭、屋外活動をする場、駐車場、駐輪場とさまざまな利用が考えられます。それらを建物側の部屋や開口部との関係を考えながら計画する必要があります。

通路（動線）計画

住宅系では人や車・自転車の動線が考えられ、通常の出入りに使う表動線と、ゴミ出しや清掃などの際に使う裏動線（勝手口）、庭から直接入るサブ動線があります。通路の幅は、荷物をもった場合や自転車を押す場合など、歩行形態で必要な幅（幅員）が変化します。

植栽計画

敷地に既存の植物がある場合は、その場に残す、移動する（移植）、採る（伐採）などの方法があり、どのようにするかを考えます。新たに植物を植える（植栽）場合は、樹木では、秋に葉が落ちる落葉樹と1年中葉のある常緑樹を、以下の3点について考慮し、バランスを考えながら計画します。①花、実、緑陰、紅葉など、四季の変化を取り入れ、景色をつくる修景的な要素を考える。②樹木をある程度ボリュームをもって植栽することにより、日照や風などをコントロールする環境設備的要素を考える。③隣地や道からの視線を調節する遮蔽的要素を考える。

境界計画

道路や隣地との敷地の区切りを考えます。計画地と隣地に差が生じる場合は土を止める壁（擁壁）が必要です。敷地を区切る場合は、防犯と景観を考え、透過性のあるフェンスや遮蔽性のあるコンクリートの壁、環境に配慮した樹木（生垣）を適宜設置します。

屋外施設計画

駐車場・駐輪場やゴミ置場のほか、活動を演出する施設、ベンチ、テーブル、パーゴラ（藤棚）、東屋（四阿）、水施設（流れ、池、滝）、バーベキューコーナなどを適宜配置します。

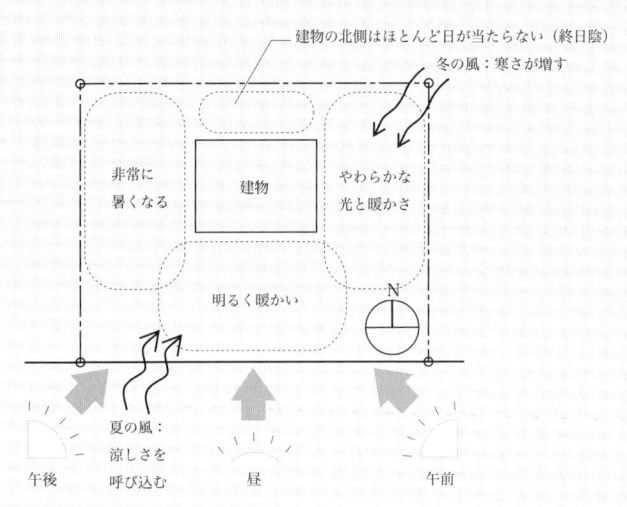

敷地環境

※図は多くの太平洋側における傾向を示す

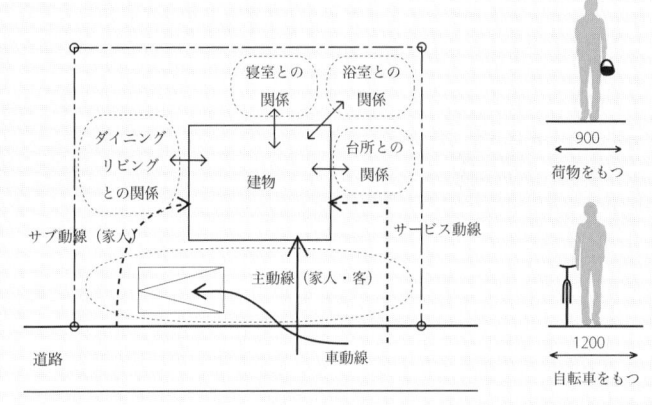

動線計画

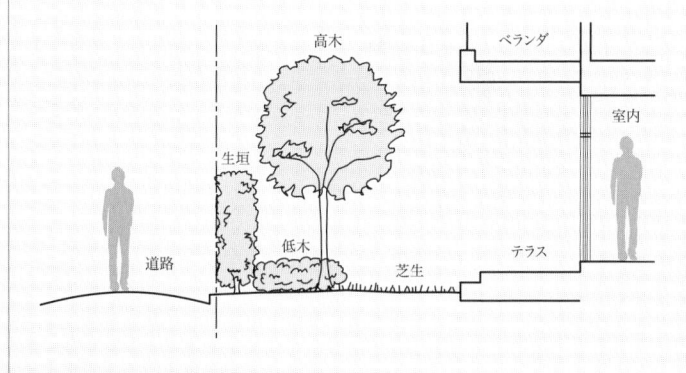

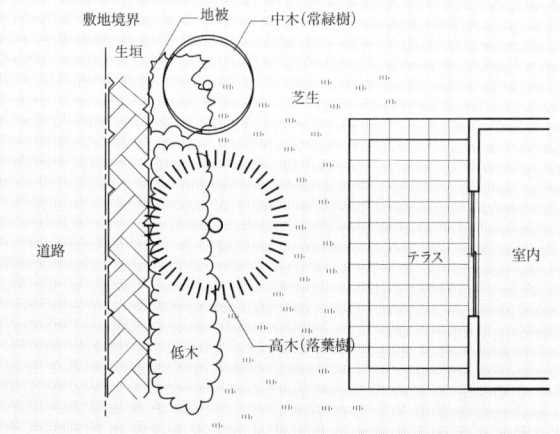

植栽計画

資料編

「駒沢の住宅」縮尺 1/50 図面

2階平面図 S=1/50

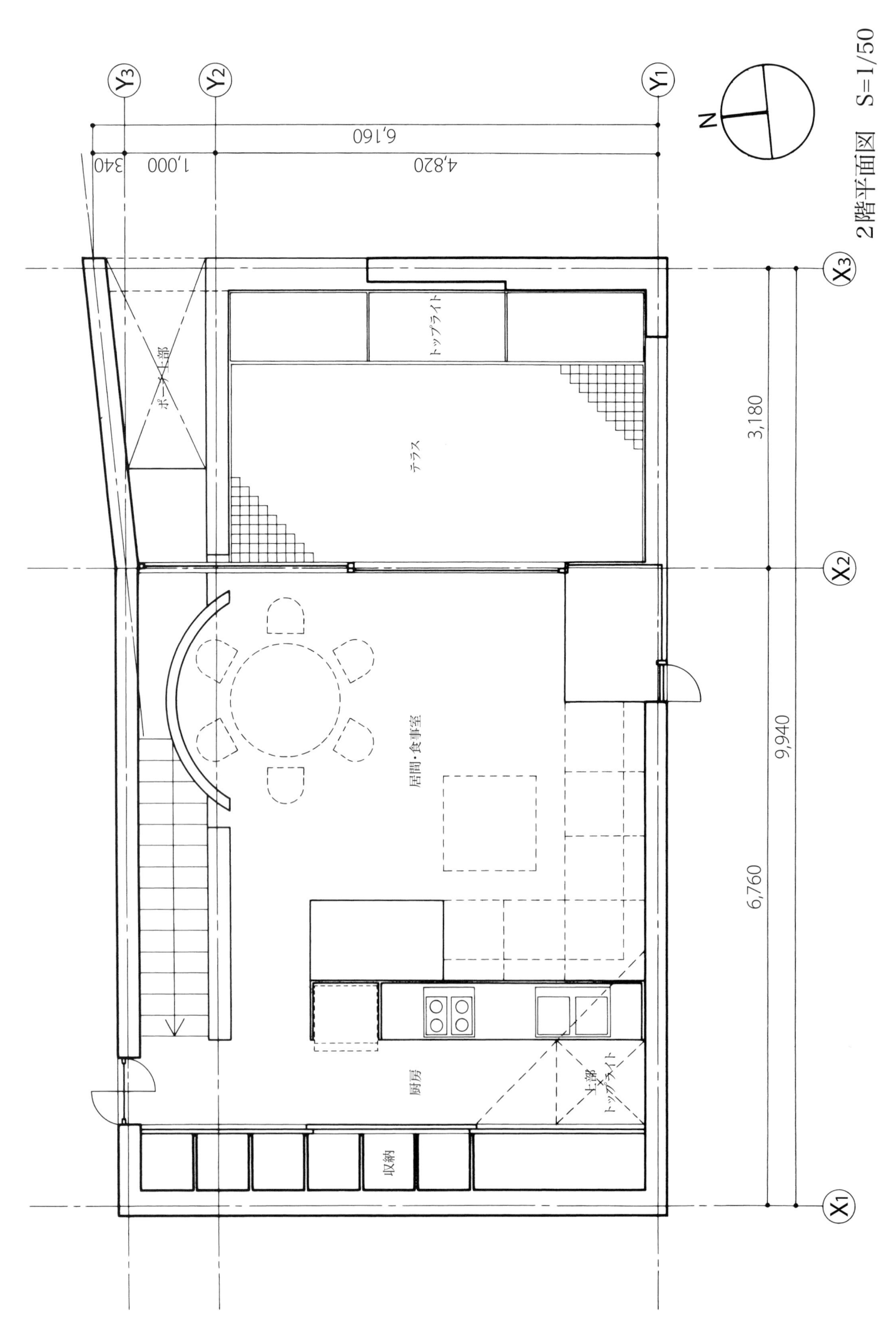

1階平面図　S=1/50

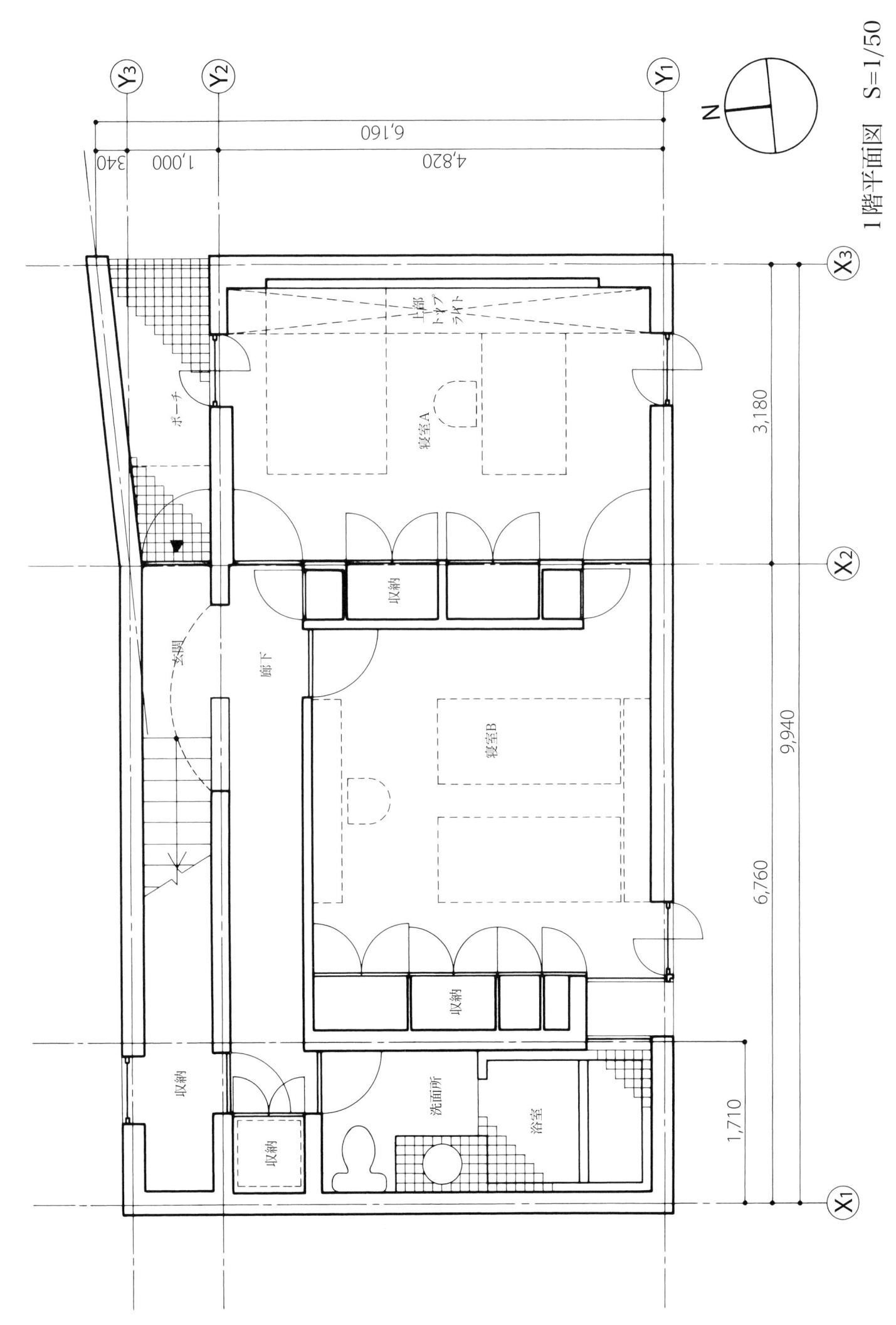

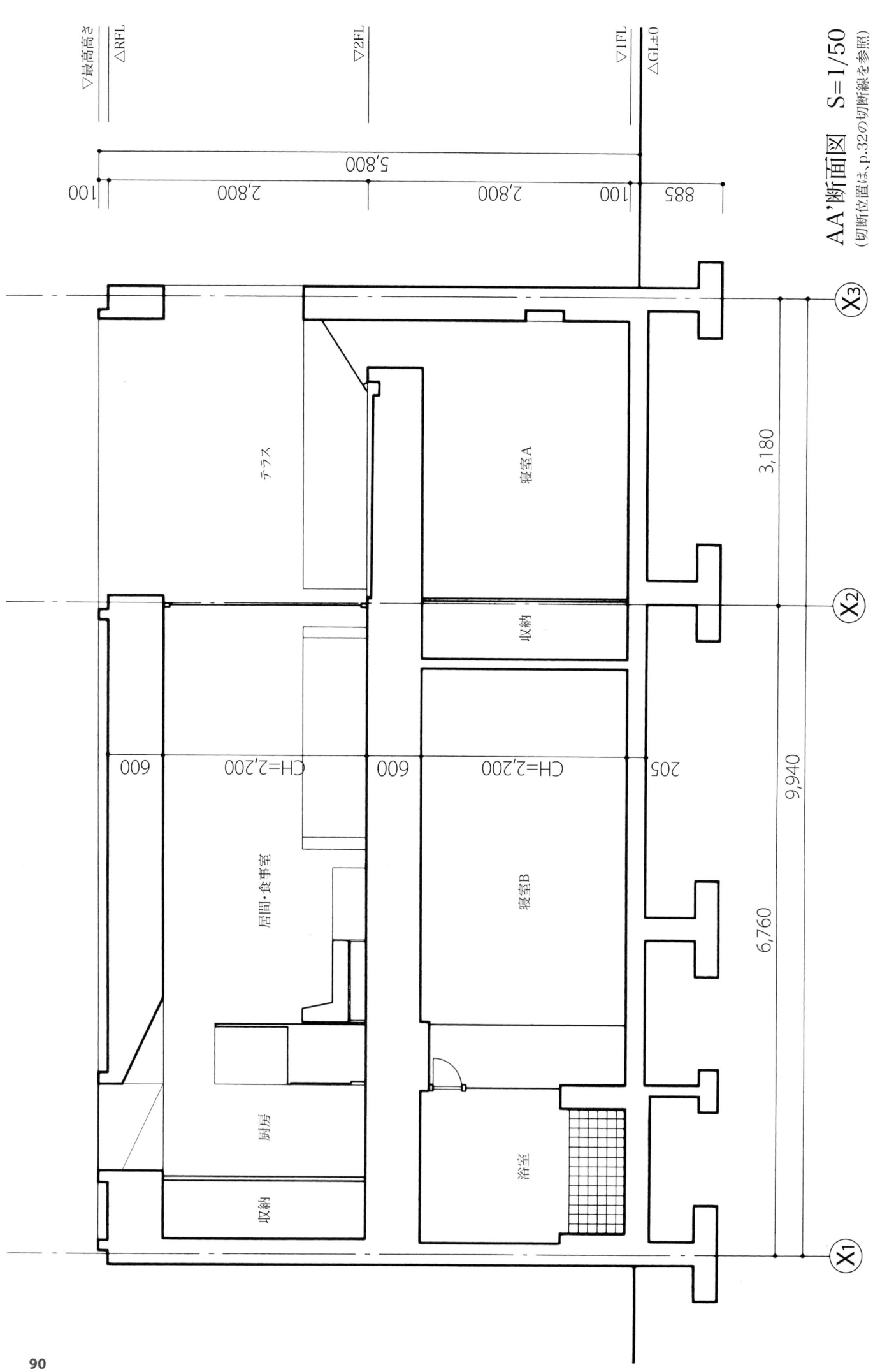

AA'断面図 S=1/50
（切断位置は、p.32の切断線を参照）

▽最高高さ	△RFL	▽2FL	▽1FL	△GL±0

100 / 2,800 / 2,800 / 100 / 885
5,800

X₁　6,760　X₂　3,180　X₃
9,940

CH=2,200　600　CH=2,200　600　205

テラス　寝室A　収納
居間・食事室　寝室B
厨房　浴室　収納

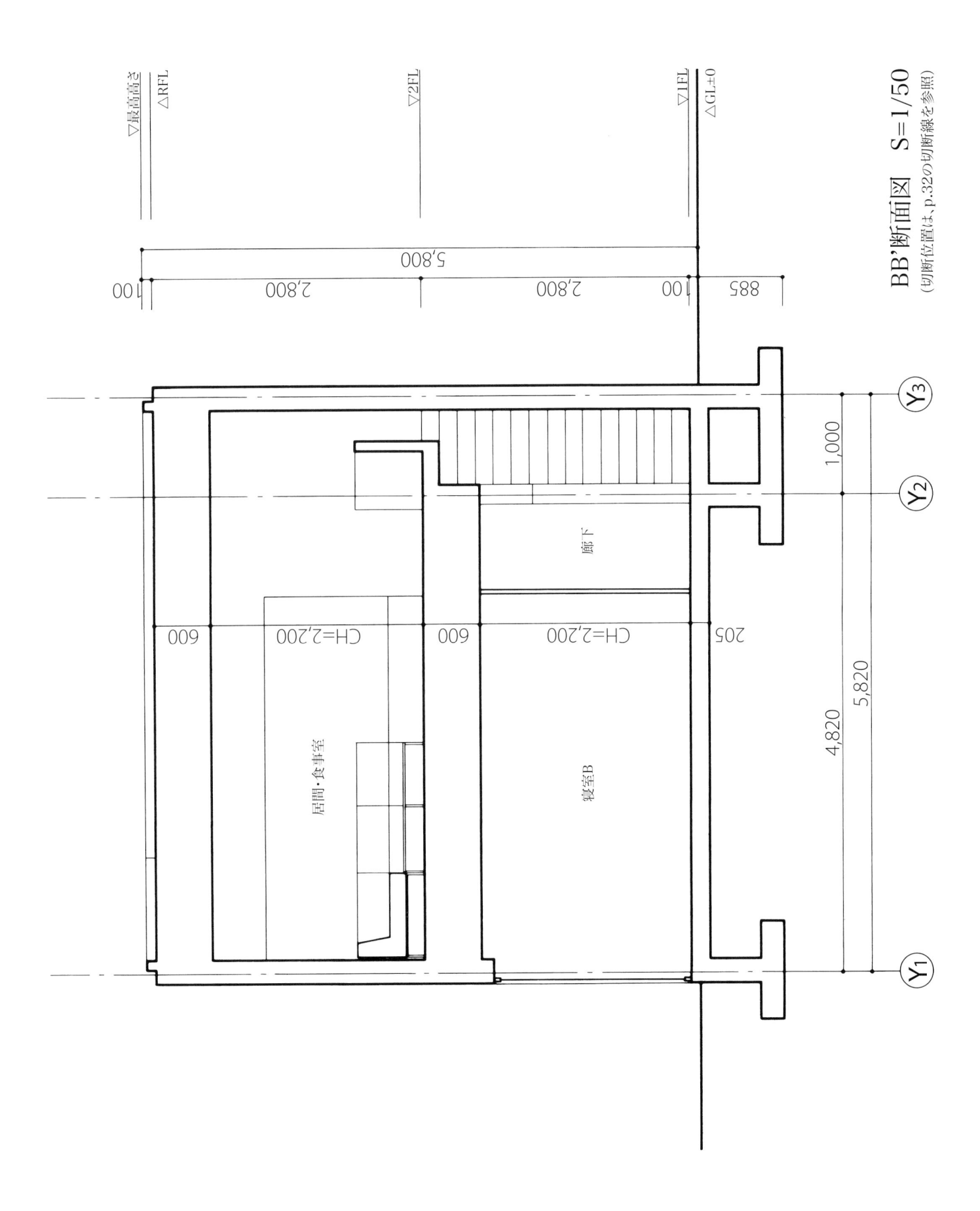

BB'断面図 S=1/50
(切断位置は、p.32の切断線を参照)

▽最高高さ
△RFL

▽2FL

▽1FL
△GL±0

5,800
100 | 2,800 | 2,800 | 100 | 885

Y3
1,000
Y2
5,820
4,820
Y1

600 | CH=2,200 | 600 | CH=2,200 | 205

居間・食事室

寝室B

廊下

南立面図 S=1/50

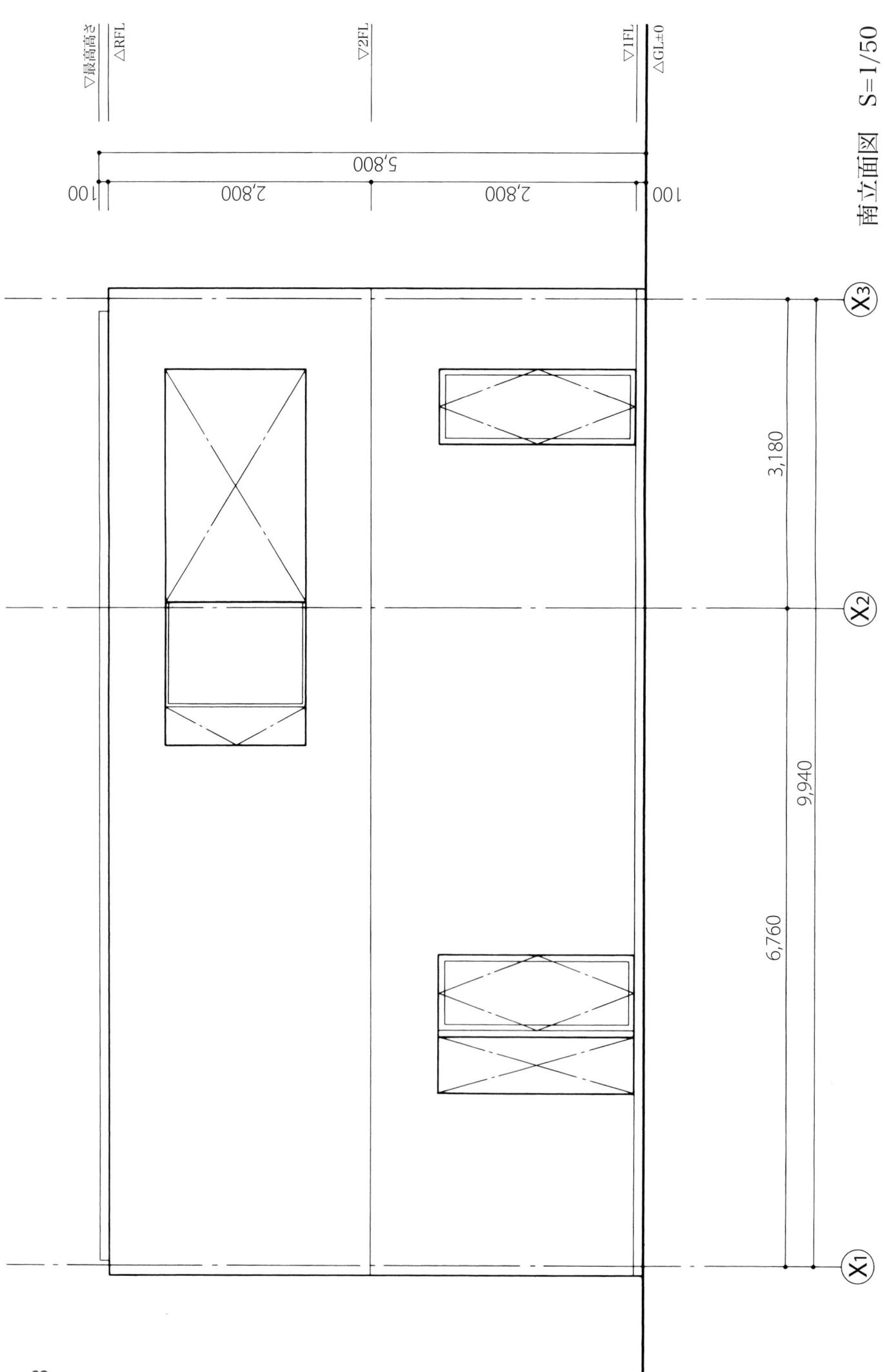

東立面図 S=1/50

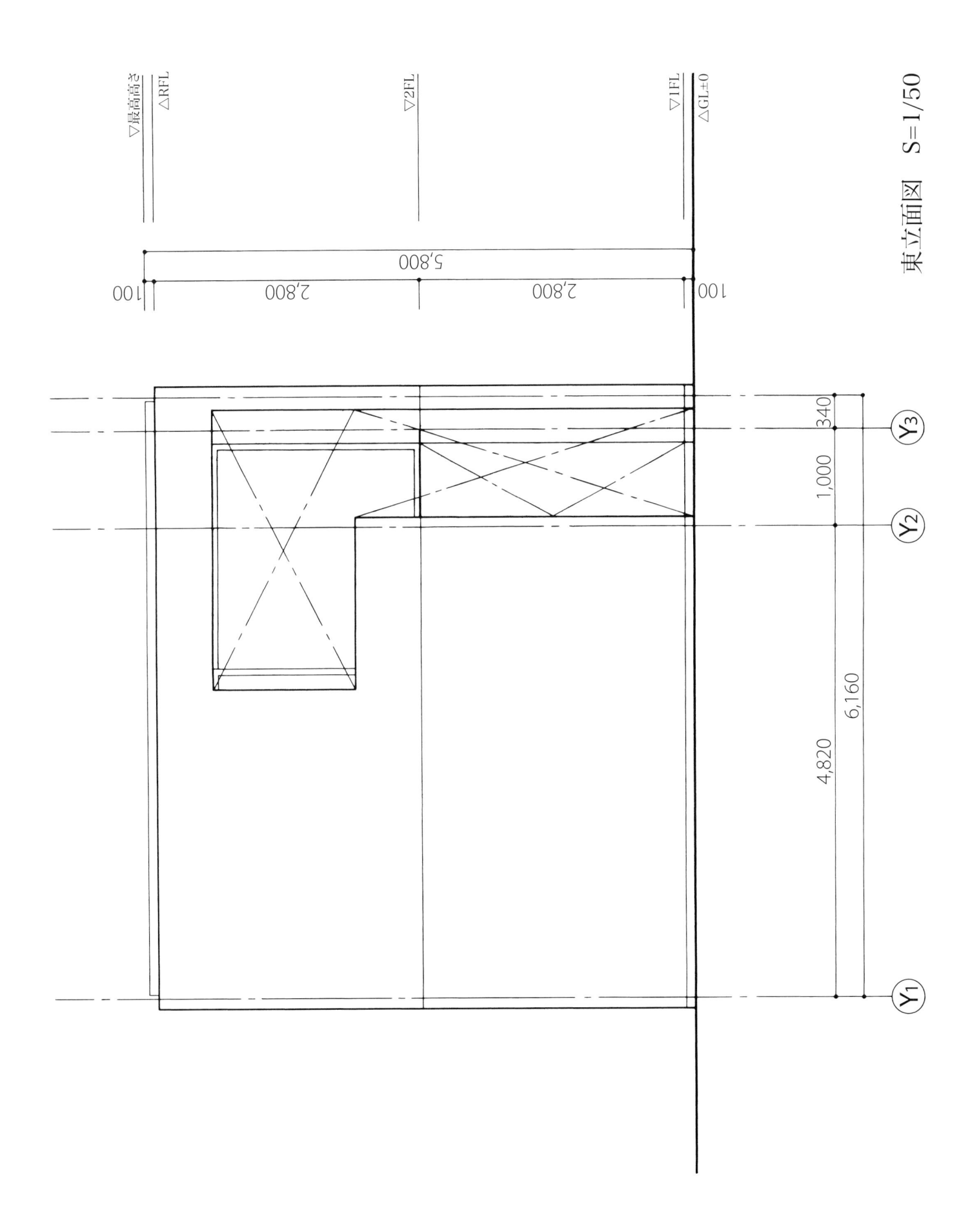

▽最高高さ
△RFL
▽2FL
▽1FL
△GL±0

100 | 2,800 | 2,800 | 100
5,800

Y3 — 340
Y2 — 1,000
Y1 — 4,820 / 6,160

List | 協力者・出典等リスト

協力者一覧
高宮眞介
渡辺富雄
岩井達弥
斎藤公男
大川三雄
佐藤光彦
内田善尚
加藤詞史

伊藤由華
瀬戸基聡
太細雄介
田島 愛
的場弘之
吉田智恵美

岩木友佑
佐脇三乃里
重矢浩史
林 高平
原友里恵
藤井さゆり
松本晃一
真砂 遥
山本崇嗣

引用文献
ピーター・ボニッチ著『Visual language　視覚言語へのアプローチ』エクシード・プレス、2000年　p.72 静と動の図
ピーター・スティーヴンズ著（金子務訳）『自然のパターン　形の生成原理』白揚社、1987　p.72 「Yの字型のユニット」の図

参考文献
仲谷洋平・藤本浩一編著『美と造形の心理学』北大路書房、1993
岩井一幸・奥田宗幸著『図解　すまいの寸法・計画事典』彰国社、1992

写真撮影
畑拓（彰国社）：p.16 ／中銀カプセルタワー　p.69 ／富弘美術館、MIKIMOTO Ginza2、final wooden house　p.72 ／TOD'S 表参道ビル
彰国社写真部：p.30 ／白の家、梅林の家　p.34 ／原邸
田中宏明：p.41 ／駒沢の住宅
大橋富夫：p.48 ／せんだいメディアテーク、六甲の集合住宅Ⅰ・Ⅱ
石元泰博：p.48 ／東京都新都庁舎設計競技応募案

資料提供
〈写真〉
the Office for Metropolitan Architecture (OMA)：p.48 ／プラダ・エピセンター・ロサンゼルス
ルイスポールセン：p.59 ／PHS シリーズ
ヤマギワ：p.60 ／AKARI、K シリーズ、Taraxacum、ToFu　p.63 ／60
Knoll Japan ／p.63 ／バルセロナ・チェア、ダイヤモンド・チェア
ハーマンミラージャパン：p.63 ／マシュマロソファ、イームズプライウッド LCW
カッシーナー：p.63 ／LC4
フリッツ・ハンセン：p.63 ／セブンチェア
クラマタデザイン事務所：p.63 ／ミスブランチ
hhstyle.com：p.63 ／ノッテドチェア
吉岡徳仁デザイン事務所：p.63 ／ハニー・ポップ
〈図面〉
東 環境・建築研究所：p.16 ／塔の家
アトリエ・ワン：p.22 ／ミニハウス
高松伸建築設計事務所：p.38 ／ファラオ

Profiles | 著者略歴

本杉省三 [もとすぎ しょうぞう]
1950 年　　　神奈川県生まれ
1974 年　　　日本大学大学院理工学研究科博士前期課程建築学専攻修了
1981―83 年　ベルリン自由大学演劇学研究所留学（DAAD ドイツ学術交流会給費生）
現在　日本大学特任教授、工学博士

佐藤慎也 [さとう しんや]
1968 年　　　東京都生まれ
1994 年　　　日本大学大学院理工学研究科博士前期課程建築学専攻修了
2006―07 年　ZKM（カールスルーエ・アート・アンド・メディア・センター）
現在　日本大学理工学部教授、博士（工学）

山中新太郎 [やまなか しんたろう]
1968 年　　　神奈川県生まれ
2001 年　　　東京大学大学院工学系研究科建築学専攻博士課程修了
現在　日本大学理工学部教授、工学博士

山﨑誠子 [やまざき まさこ]
1961 年　　　東京都生まれ
1984 年　　　武蔵工業大学（現東京都市大学）工学部建築科卒業
東京デザイナー学院、武蔵工業大学（現東京都市大学）工学部非常勤講師を経て
現在　日本大学短期大学部准教授、GA ヤマザキ主宰

梅田綾 [うめだ あや]
1977 年　　　神奈川県生まれ
2003 年　　　日本大学大学院理工学研究科博士前期課程建築学専攻修了
2003―08 年　シーラカンス＆アソシエイツ、首都大学東京 COE、計画設計工房
2008―10 年　日本大学理工学部助手
現在　大林組

長谷川洋平 [はせがわ ようへい]
1976 年　　　北海道生まれ
2004 年　　　東京工業大学大学院理工学研究科建築学専攻修士課程修了
2004―06 年　みかんぐみ
現在　長谷川大輔構造計画

建築デザインの基礎　製図法から生活デザインまで
2010年 5月10日　第1版　発　行
2022年 1月10日　第1版　第10刷

著　者　本杉省三・佐藤慎也・山中新太郎
　　　　山﨑誠子・梅田　綾・長谷川洋平
発行者　下　出　雅　徳
発行所　株式会社　彰　国　社

著作権者との協定により検印省略

自然科学書協会会員
工学書協会会員
Printed in Japan
Ⓒ 本杉省三(代表)　2010年
ISBN 978-4-395-00808-7　C3052

162-0062　東京都新宿区富久町8-21
電話　03-3359-3231（大代表）
振替口座　00160-2-173401
印刷：三美印刷　製本：誠幸堂
https://www.shokokusha.co.jp

本書の内容の一部あるいは全部を、無断で複写(コピー)、複製、および磁気または光記録媒体等への入力を禁止します。許諾については小社あてご照会ください。